JEAN-MARIE SÉGALEN

ORAR 15 DIAS COM
JOSÉ PASSERAT

Redentorista apelidado de
"O Grande Orante"

Tradução de Pe. José Augusto da Silva, C.Ss.R.

COORDENAÇÃO EDITORIAL: Elizabeth dos Santos Reis
COPIDESQUE: Renato da Rocha Carlos
REVISÃO: Ana Lúcia de Castro Leite
DIAGRAMAÇÃO: Juliano de Sousa Cervelin
CAPA: Marco Antônio Santos Reis

Título original: *Prier 15 jours avec Joseph Passerat:*
  Rédemptoriste surnommé "Le grand Priant"
©Nouvelle Cité, Montrouge 2002
ISBN 2-85313-426-1

Dados Internacionais de Catalogação na Publicação (CIP)
(Câmara Brasileira do Livro, SP, Brasil)

Ségalen, Jean-Marie
  Orar 15 dias com José Passerat: redentorista apelidado de "O grande Orante" / por Jean-Marie Ségalen; tradução de José Augusto da Silva. — Aparecida, SP: Editora Santuário, 2003. (Coleção Orar 15 dias, 8)

  Título original: Prier 15 jours avec Joseph Passerat: Rédemptoriste surnommé "Le grand Priant"
  Bibliografia.
  ISBN 85-7200-881-0

  1. Oração 2. Passerat, Joseph-Amand, 1772-1858 3. Redentoristas 4. Sacerdotes – Biografia I. Título. II. Série.

03-5879 CDD-255.64092

Índices para catálogo sistemático:

1. Padres redentoristas: Vida e obra 255.64092

Todos os direitos em língua portuguesa reservados
à **EDITORA SANTUÁRIO** — 2003

Composição, impressão e acabamento:
EDITORA SANTUÁRIO - Rua Padre Claro Monteiro, 342
Fone: (012) 3104-2000 — 12570-000 — Aparecida-SP.

Ano: 2007 2006 2005 2004 2003
Edição: 9 8 7 6 **5** 4 3 2 1

SIGLAS

PD: Pierre Debongnie, *Um juste proscrit, Joseph-Amand Passerat (1772-1858)* (Um justo proscrito, José Amando Passerat).

AD: Achille Desurmont, *Le Révérend Père Joseph Passerat et sous sa conduite les Rédemptoristes pendant les guerres de l'Empire* (O Reverendo padre José Passerat e sob sua condução os Redentoristas durante as guerras do Império).

EG: Édouard Gautron, *L´Âme du Vénérable Père Joseph Passerat, Vicaire General et Insigne Propagateur de la Congrégation du Três Saint Rédempteur, Doctrine spirituelle et vertus* (A Alma do Venerável Padre José Passerat, Vigário Geral e Insigne Propagador da Congregação do Santíssimo Redentor, Doutrina espiritual e virtudes).

HG: Henri Girouille, *Vie du Venerable Père Joseph Passerat (1772-1858)* (Vida do venerável padre José Passerat, primeiro redentorista francês).

HN: H. Nimal, *Une Rédemptoristine, Mère Marie-Alphonse de la Volonté de Dieu* (Uma Redentorista, Madre Maria Afonso da Vontade de Deus).

MP: Marius Pélissier, *Le Père Passerat, un sillage de feu* (O padre Passerat, uma esteira de fogo).

LC&S: *Lettres, conférences et sentences du Révérendissime Père Passerat, "Defunctus adhuc loquitur"* (Cartas, conferências e sentenças do reverendíssimo padre Passerat, "Defunto ainda fala").

SM: *Sermon prêché à Mariazell le 31 août 1823 à l'occasion de la première messe du Révérend Père Charles-Joseph Comte de Welsersheimb de la congrégation du T.S. Rédempteur par le Vénérable Père Joseph Passerat* (Sermão pregado em Marizell no dia 31 de agosto de 1823 por ocasião da primeira missa do reverendo padre Carlos José Comte de Welsersheimb da congregação do Santíssimo Redentor pelo venerável padre José Passerat).

NB: os textos em latim citados pelo padre José Passerat em seus escritos foram sistematicamente substituídos por sua tradução em francês.

"O GRANDE ORANTE"

"Grande e sempre retilíneo, com longos cabelos brancos que escapam de seu velho chapéu amarfanhado, olhos que raramente se abrem, lábios, ao contrário, continuamente movimentados pelo murmúrio das ave-marias..." (PD 137-138), um padre avança, no crepúsculo de sua vida, pelas velhas ruas de Bruges, na Bélgica.

Quem é esse padre? Em seu rosto pacificado, do qual se afasta a tempestade das revoluções e das guerras de ontem, surge o sol de um sorriso. Seus grandes sapatos cravejados levantaram a poeira das estradas da França e de toda a Europa em milhares de quilômetros. Em suas mãos deslizavam as contas do rosário preso à sua cintura. Em silêncio, incansavelmente, avança e reza. São Clemente Maria, seu amigo, Vigário Geral dos Redentoristas transalpinos[1], o tinha acolhido em sua congregação. Ele gostava de dizer a seus jovens discípulos: "Eu vos farei conhecer o grande orante francês. Esse, meus filhos, vos ensinará a orar. Praza a Deus que eu possa orar como ele!" (EG 7).

Esse *grande orante* está a caminho, desde a aurora, para o convento das irmãs redentoristas, a fim de celebrar a Eucaristia. Em toda a sua vida, José Passerat foi um homem de oração. Quando entra para os redentoristas em Varsóvia, os escritos de Santo Afonso de Ligório — fundador dessa congregação — já circulavam em toda a Europa: a Igreja canonizou Afonso de Ligório em 1839, e José Passerat teve a alegria de assistir em Roma a essa canonização. Mais tarde, em 1871, o santo foi declarado doutor da Igreja e, mais precisamente, *Doutor da oração*. O padre José Passerat buscou na leitura de suas obras um amor da oração sempre renovado, que fez dele um homem de oração e o homem da Eucaristia.

---

[1] O adjetivo "transalpino", que figura muitas vezes nos escritos dos redentoristas e nesta obra, designa sempre as províncias da congregação situadas fora da Itália, isto é, além dos Alpes em relação às províncias italianas de Nápoles, Roma ou Sicília.

Um homem de oração primeiramente. Isto é, um crente que não se contenta em falar de Deus, mas que toma tempo, todos os dias e várias vezes ao dia, para falar a Deus. Longamente. Ele se preocupa em acolher as confidências de Deus, a Palavra que traz a Revelação, a Boa Nova. Ele diz a Deus sua alegria, seus desejos, seus sofrimentos, pois não há amor mudo. Essa resposta não é feita só de palavras, mas de atos concretos. O tempo da oração não é o tempo da tomada de consciência da presença do Senhor em sua vida? O tempo da acolhida dos dons de Deus, de seus projetos e de seus apelos? Ele adora e diz *sim* a Deus como a Virgem Maria na Anunciação. Dá graças a Deus e diz *obrigado* a Deus, que diviniza o que ele humaniza por seu trabalho. Humildemente, pede perdão a Deus por seus pecados e pelos de todos os pecadores. Enfim, voltado para Deus com confiança, suplica: Dá-me, Senhor, luz, força e esperança. Esse tempo de oração, para José Passerat, é o tempo da intimidade e da amizade. Dá tempo a Deus, simplesmente porque o ama e se sabe amado por Deus.

Ainda mais, José Passerat é **o homem da Eucaristia**, sobretudo depois de sua ordenação sacerdotal. Para ele, a Eucaristia é a oração total, perfeita: não é uma oração individual, mas a oração do Cristo da qual ele participa em Igreja, com os fiéis presentes onde ele celebra a missa, mas também com toda a Igreja, a da terra e a do céu. Como o interrogassem um dia sobre o que experimentava no altar, respondeu: *"É como se o Paraíso estivesse em meu coração"* (LC&S 174).

Sua maneira de celebrar a Eucaristia chama a atenção das pessoas, sobretudo dos jovens. Ele faz ver, então, por assim dizer, aquele que o faz viver, aquele cuja missão ele quer continuar, Jesus Salvador. Ele causa o desejo nos que oram com ele de dar sua vida a serviço do Evangelho. Assim, esteve na origem de numerosas vocações de monjas redentoristas e de missionários redentoristas.

O padre Nicolau Mauron, que se tornou superior geral, gostava de evocar a atitude do padre José Passerat celebrando a Eucaristia na igreja de sua terra natal, atitude que esteve na origem de sua própria vocação de missionário redentorista: "Eu era ainda criança, tinha talvez sete anos, quando o reverendo padre Passerat veio visitar os padres em Tschiipru (Suíça). Convidado a pregar, aceitou. Não me lembro de nenhuma palavra de seu sermão, mas o aspecto desse venerável ancião me tocou de tal maneira que seus traços não saíram mais de minha memória; e, desde esse momento, senti o desejo de me fazer redentorista" (François Dumortier, C.Ss.R., *Le Révérendissime Pére Mauron* [O reverendíssimo padre Mauron], Paris, Firmin-Didot, 1901, p. 15).

Outro exemplo: "Certo dia de 1849, um jovem seminarista francês, de passagem por Bruges, entra na capela das irmãs, no momento da missa. Um padre de alta estatura está no altar; seu recolhimento e sua atitude séria o impressionam vivamente. Sua emoção só aumenta na medida em que se desenvolvem os ritos da Eucaristia. 'De fato', atesta, 'eu acreditei ver um profeta celebrando os santos mistérios!' Terminada a missa, ele se informa com a irmã porteira e pede para ver esse padre que tinha o ar de um santo. O favor foi concedido. Que se passou nesse face-a-face de duas almas feitas para se compreenderem? Jamais confidência alguma revelou esse segredo. Esse segredo permanece, mas ao sair desse encontro o seminarista estava decidido a se fazer redentorista. Tornou-se depois o reverendíssimo padre Aquiles Desurmont, por muito tempo Provincial da França" (MP 67).

José Passerat bem mereceu o apelido de "grande orante". Certamente não escreveu livros sobre a oração: dele só temos cartas, alguns sermões e notas tomadas no decurso de suas conferências. Simplesmente, ele não é um escritor, é uma testemunha. Uma grande testemunha da oração no século XIX. Eis por que este *Orar 15 dias* é antes de tudo um convite a olhar sua vida e escutar sua palavra. Assim ele poderá, ainda hoje, evangelizar nossa oração um pouco pelo que disse, mais pelo que fez e sobretudo pelo que foi num período agitado da história da Europa e da Igreja. Isso dito, os textos propostos para cada dia não são semelhantes a pão fresco saído do forno e pronto para ser consumido, mas antes ao fermento espiritual capaz de fazer crescer hoje nossa oração pessoal e nossa vida.

CRONOLOGIA DA VIDA DE JOSÉ PASSERAT

1772 – 30 de abril, nascimento e batismo em Joinville (Haute-Marne).
1786 – Entrada no seminário menor de Châlons-sur-Marne.
1789 – Com a Revolução francesa, impossibilidade de ir a Paris para prosseguir seus estudos em vista do sacerdócio. Fará isso em sua terra, ocultamente, com a ajuda de um vigário que é um "padre rebelde" (não-juramentado).
1791 – Suspeito de ser um opositor da Revolução, é preso, depois solto graças à intervenção de uma senhora influente da cidade. É a época em que a Revolução se vira contra a Igreja; em que o rei Luís XVI, tentando reunir o exército dos que emigraram para o estrangeiro, é preso em Varennes. Logo, 828 padres e religiosos serão amontoados nas barcaças de Rochefort, depois enviados para morrer na ilha de Aix e na ilha Madame.
1792 – Recrutado à força no exército revolucionário quando a França declara guerra à Áustria, ele deserta do exército nos ar-

redores de Bitche, na Lorena, e parte para o estrangeiro a fim de continuar seus estudos para o sacerdócio. Chegando a Namur, depois a Liège, na Bélgica, recusam aceitá-lo por medo do exército francês que se aproxima. Apresenta-se em seguida em Trèves (Alemanha), onde é aceito. Mas o ensino ali é contrário às diretrizes da Igreja, e ele deixa esse seminário maior. Depois vai a Münster e finalmente a Augsburg, onde é acolhido por antigos jesuítas.

1795 – Em Augsburg, recebe as ordens menores; depois, sabendo da existência de um seminário maior para os emigrantes, dirige-se a Wurtzburg.

1796 – Deixa Wurtzburg e vai à Polônia com três seminaristas franceses seus amigos. Chegando a Varsóvia, é acolhido entre os redentoristas por São Clemente Maria Hofbauer. Depois de um noviciado de quatro meses, faz a profissão religiosa no dia 13 de novembro.

1797 – Ordenado padre, ensina teologia e se torna mestre de noviços.

1803 – Chamado por Clemente Maria, chega a Jestetten (Alemanha), no dia 22 de julho, e se torna superior da comunidade.

1805 – Vítima das perseguições do vigário-geral da diocese, dirige-se a Babenhausen, perto de Augsburg (Alemanha), com toda sua comunidade, na qual estão 25 jovens em formação.

1806 – Um decreto de Napoleão expulsa os redentoristas de Babenhausen.

1807 – Chegando a Saint Lucius no dia 31 de janeiro, são de novo expulsos e vão procurar refúgio em Viège, Valais (Suíça), aonde chegam no dia 3 de dezembro.

1812 – Um decreto de Napoleão expulsa os religiosos de Valais; os redentoristas se refugiam então na região de Friburgo e se dispersam pelas paróquias e aldeias em redor: Balterswyl, Cerniat, Farvagny, Posat e várias outras.

1818 – Enfim lhes é oferecido ocupar o convento de Valsainte: dia 12 de maio, inauguração oficial.

1819 – O padre José Passerat estabelece uma primeira fundação na França, em Bischenberg, na Alsácia.

1820 – Depois da morte de São Clemente Maria Hofbauer no dia 15 de março, padre Passerat é nomeado vigário-geral da congregação em Viena (Áustria), aonde chega em outubro.

1822 - Aceita uma fundação na Morávia, província natal de Clemente Maria.

1826 – Envia padres para fundar uma comunidade em Lisboa, Portugal.

1827 – Consegue fundar em Mautern uma casa de formação para os jovens redentoristas.

1830 – Funda o mosteiro das irmãs redentoristas em Viena, na Áustria, com a colaboração de Eugênia Dijon (na vida religiosa Irmã Maria Afonso da Vontade de Deus), fundação que será seguida, em 1839, pela do mosteiro de Stein, na Áustria, e em 1841 de Bruges, na Bélgica.

1831 – Encoraja uma primeira fundação de redentoristas na Bélgica em Rumilles, perto de Tournai.

1835 – Aceita uma fundação na Bulgária em Filopopoli (hoje Plovdiv).

1836 – Depois de ter enviado alguns padres à América desde 1832, alegra-se pela primeira fundação nos Estados Unidos em Rochester.

1839 – É peregrino em Roma para assistir à canonização de Santo Afonso de Liguori, fundador da Congregação do Santíssimo Redentor.

1841 – Por decreto de Roma, a Congregação do Santíssimo Redentor é dividida em seis províncias: três ligadas a Nápoles, outras três sob a autoridade do vigário geral transalpino, padre José Passerat.

1848 – É expulso de Viena pela Revolução. Refugia-se então na Bélgica, em Liège aonde chega no dia 9 de maio. Depois apresenta sua demissão, aceita por Roma. Nomeado superior da comunidade de Bruges, põe-se a serviço das monjas redentoristas para confissões e conferências espirituais.

1850 – Após graves incidentes de saúde, deixa Bruges e vai para Tournai.

1858 – No dia 30 de outubro, em Tournai, morre rodeado pelos confrades de sua comunidade.

Primeiro dia

"QUEREIS AMAR A DEUS?"

Quereis amar a Deus?, dizia o padre José Passerat, Orai (EG 19).
Em nenhum caso é permitido desesperar, nem mesmo se inquietar, porque se quisermos, em nenhum caso a graça de Deus nos faltará, já que sempre podemos orar (EG 48).

Ao longo de toda a sua vida, o padre Passerat foi testemunha desta convicção: Deus nos ama. Deus nos amou primeiro; antes da criação do mundo, já pensava em nós. Deus quer nossa felicidade desde sempre. Diante desse *Deus Amor,* a oração é o caminho do amor. Com insistência, ele lembra que a oração não é um fim, mas um meio. O fim é o amor. Orar ao Senhor para amar o Senhor e seus irmãos: essa atitude é a sua desde a mais tenra infância.

Ele nasceu no dia 30 de abril de 1772 em Joinville, então da diocese de Châlons-sur-Marne, hoje da diocese de Langres. Foi batizado no mesmo dia. Nos registros de sua paróquia, pode-se ler: "José Amando Constantino Fidélis, filho, nascido no dia 30 do mês de abril de 1772, do casamento legítimo de José Passerat, agrimensor do Senhor Duque de Orleans no principado de Joinville, e de Catarina Olivier, seu pai e sua mãe, foi batizado no mesmo dia por mim vigário abaixo assinado, e teve por padrinho, Simão Olivier, negociante de tecidos de malha, seu tio materno, e por madrinha, Maria Colas, esposa de André Passerat, sua avó paterna, todos dois morando na dita Joinville, que assinaram em fé do presente ato..." (HG 4).

Joinville, principado célebre na história pelo "bom senhor de Joinville", amigo de São Luís, rei de França. "O senhor de Joinville", diz um historiador, "tinha o espírito vivo, o humor alegre e a alma nobre." O padre Desurmont, primeiro biógrafo de Passerat, observa a esse propósito: "Seria impossível a quem quisesse pintar o padre Passerat escolher três expressões mais justas e mais claras. De um caráter bem esperto, ele tinha além disso muito espírito e sobretudo muito bom senso. Uma alegria inalterável reinava nele; jamais conheceu o mau humor, e seu rosto estava sempre sereno e jovial. Enfim, tinha o coração grande, rico em afeição e em devotamento, inacessível ao egoísmo, confiante e corajoso nos grandes empreendimentos, intrépido e paciente nas dificuldades" (AD 23).

Muito pequeno, José Passerat reza. A seu modo, infantil: sempre rezando. Como muitos garotos que sonham com o sacerdócio, gosta de brincar de padre na liturgia cristã. Seus pais se alegram e o confiam aos monges da abadia de Santo Urbano, a três quilômetros da cidade, para começar seus estudos. Aprende também a participar dos ofícios litúrgicos cantando, acolitando, rezando com a Igreja.

Aos dezesseis anos, entra no seminário menor de Châlons-sur-Marne. O seminário era dirigido por lazaristas. Esses discípulos de São Vicente de Paulo o fazem descobrir os livros de espiritualidade mais difundidos na época: o *Livro da oração e da meditação*, de São Luís de Granada; *A prática da perfeição cristã*, de Afonso

17

Rodrigues; *A introdução à vida devota*, de São Francisco de Sales, e, sobretudo, *A imitação de Jesus Cristo*, uma de suas leituras preferidas. Essa iniciação à ascese e à mística iria marcar sua vida.

José Passerat está a ponto de partir para Paris, a fim de estudar a filosofia e a teologia sob a direção dos professores da Sorbonne, quando estoura a Revolução francesa de 1789. No dia 2 de novembro de 1789, a Constituinte confisca os bens do clero; em fevereiro de 1790, proíbe os votos de religião e as ordens religiosas; no dia 12 de julho de 1790, vota a Constituição Civil do Clero, que pretende estabelecer na França uma Igreja nacional subtraída à autoridade do papa; no final de outubro, os bispos, fazendo parte da Constituinte, protestam contra essa Constituição Civil do Clero. Enfim, em 27 de novembro do mesmo ano, é votado o decreto obrigando todo eclesiástico em função a prestar o juramento de fidelidade à Constituição.

Sob a Revolução que transtorna as instituições políticas e abala duramente a Igreja da França, que vai fazer José Passerat, que é muito consciente de ser chamado pelo Senhor ao sacerdócio? Todos os seminários estão fechados. Alguns padres prestam juramento (são chamados *padres juramentados*), outros recusam (os chamados *padres refratários*). O clero está dividido, os leigos igualmente. À passagem de alguns padres juramentados, as pessoas gritam às vezes "cocoricó" para lembrar o canto do galo após a traição do apóstolo Pedro (cf. Daniel Rops, *História da Igreja do Cristo,* t. IX, Fayard-Grasset, p. 34).

No que concerne a José Passerat, seu pároco e seu confessor se tornaram padres juramentados. Ele procura, então, outro padre para ajudá-lo a seguir sua vocação sacerdotal. Encontra-o na pessoa do vigário de Joinville. Jovem ainda, esse recusou prestar juramento à Constituição Civil do Clero. Exerce seu ministério ocultamente, pois os refratários são perseguidos pela polícia, deportados aos milhares, massacrados ou guilhotinados. José Passerat será o discípulo desse jovem padre, piedoso e muito instruído. Ignora-se seu nome. Depois ele teria se tornado jesuíta quando a Companhia de Jesus foi restabelecida. José Passerat prossegue com ele os estudos para o sacerdócio... mas não é visto nos ofícios do pároco de sua paróquia. Considerado suspeito, é detido e lançado na prisão. Isso se passava em 1791. Graças à intervenção de uma senhora influente da cidade, é posto em liberdade. Retoma seus estudos e sua vida clandestina. Consciente de ser chamado pelo Senhor, quer ser padre. Será, custe o que custar!

O breve pontifício ferindo de excomunhão os padres juramentados é conhecido na França em abril de 1792 e provoca uma viva agitação. Na mesma época, 20 de abril de 1792, a França declara guerra à Áustria. A Europa, então, se levanta contra os revolucionários: é a invasão prussiana e a pátria declarada em perigo. O seminarista José Passerat, então com vinte anos, é recrutado à força pelo exército revolucionário. O padre Desurmont resume assim as confidências que o padre José Passerat lhe fez a respeito:

"Eu me encontrava na maior perplexidade, não sabendo se a guerra à qual era chamado era justa. Eu não ignorava que o poder que nos recrutava era um governo detestável, mais inimigo da pátria e do rei que os estrangeiros mesmos contra os quais se ia marchar. A

idéia de combater para o triunfo dessa revolução ímpia atormentava minha consciência. E depois, eu tinha ouvido falar de uma certa irregularidade que tornava os soldados inaptos para se tornar padres. Ora, o sacerdócio era a única ambição de minha alma, e me parecia bem duro fechar-me com minha própria mão essa carreira tão desejada. Foi com esses pensamentos sombrios que fiz com tristeza o caminho de Joinville ao centro do departamento, afastando-me tanto quanto possível da multidão dos outros conscritos e não tendo senão um companheiro que, seminarista como eu, partilhava todas as minhas preocupações" (AD 41).

Grande, forte e belo, o jovem causa uma excelente impressão nos recrutadores do exército, que o escolhem como tambor-mor. Este posto lhe agrada, pois o dispensa de carregar armas. Pouco tempo depois, um posto se tornando vago, ele pede que seja nomeado oficial tesoureiro, isto é, encarregado do alojamento, do abastecimento e da manutenção das contas da companhia. Obtém esse cargo. Assim, não só está dispensado de dar tiro, mas pode viver à parte dos oficiais e da tropa e gozar de uma preciosa liberdade para responder "sim" ao chamado do Cristo que não cessa de ressoar em seu coração: "Vem, segue-me..."

Esse apelo é um pedido, uma súplica que Deus mesmo lhe dirige pessoalmente. Quem não se lembra a esse respeito do "pensamento" de Brás Pascal: "Jesus suplicou aos homens e não foi atendido" (*Oeuvres completes,* Le Seuil, p. 620)? É verdade tão freqüente em nossa história! Foi verdade na tarde da Quinta-feira Santa. Certamente, mais tarde, os apóstolos trocaram seu sono por seu martírio. José Passerat, desde sua juventude, atendeu à súplica do Senhor: ele consentiu em segui-lo e em orar com ele. Eis por que sua vida foi uma *agonia* (do grego *agon*, que quer dizer "combate" — não um combate físico com armas, mas um combate espiritual contra todos os obstáculos que arriscavam impedir o projeto de Deus sobre ele). A aventura de sua vocação, como a maravilhosa aventura de sua oração, foi para ele um combate com Jesus. Um combate difícil, mas durante o qual podia, em certas horas, ouvir o carrilhão de Páscoa.

Contudo, para José Passerat, se a oração é um combate, é antes de tudo uma resposta ao pedido de Deus: "Vem, segue-me". Orar e responder à sua vocação sacerdotal e missionária é uma coisa só. Sua oração e sua vida são doravante uma resposta de amor a um apelo de amor. Para o melhor e para o pior.

Compreende-se, então, que esse seminarista, tambor-mor, tenha recusado ficar muito tempo no exército da Revolução para melhor se alistar nesse *exército de orantes*, de que falava um dia um de seus sucessores em Viena, o padre André Hamerlé, superior provincial de 1884 a 1905: "O grande papa Pio IX disse: 'Dai-me um exército de orantes!' Se um tal exército era necessário em seu tempo, o é bem mais hoje. Se esse grande homem da oração é mais conhecido e honrado por estas linhas (um artigo de jornal que evocava José Passerat, 'o grande orante'), ele se tornará de novo tambor-mor e recrutará muitos soldados para esse grande exército que desejava Pio IX e que estará em seguida em condição de se bater para ganhar junto de Deus nossa salvação e a do mundo".

Segundo dia

"TUDO POR JESUS CRISTO..."

Eu não sei nada, meus irmãos; que vos direi?... Temos tudo por Jesus Cristo na ordem da natureza e da graça. Todos os santos cuja vida conhecemos em detalhe foram por Jesus Cristo: Santo Inácio, Santo Afonso... Eles falam sempre de Jesus Cristo...

A imitação de Jesus Cristo, eis a devoção das devoções e, por assim dizer, a única. Dizer-se muitas vezes: que diria Jesus? Como agiria Jesus? Que pensaria Jesus nessa circunstância?... Então, será verdadeira para nós essa palavra: não sou mais eu que vivo, é Cristo que vive em mim... Orar, amar Jesus Cristo e amar-se uns aos outros, eis a bênção de Deus. Quem não faz tudo para Jesus é um mentiroso, pois todos os dias, na missa, promete fazê-lo: por ele, com ele e nele. Pensemos sempre em Jesus Cristo.

Jesus Cristo é uma fonte de amor. Ele nos criou por amor para conosco e para sua glória, mas tudo o que ele nos dá são apenas meios de que devemos nos servir para chegar ao amor. Foi por amor que ele nos resgatou, que nos oferece todos os sacramentos e entre eles o mais augusto, aquele em que ele mesmo reside, com as mãos cheias de graças para no-las distribuir (EG 170-174).

O padre José Passerat insiste em que o Deus dos cristãos não é um Deus vago, mas o Deus de Jesus Cristo. Ele mesmo não cessa de contemplar a Deus. Por Jesus Cristo ele sabe, na fé, que nosso Deus é um Deus que tem rosto humano, um Deus que fala, um Deus que age, um Deus que ama. Em Jesus Cristo, ele descobre o Filho em comunhão com seu Pai e solidário com todos os homens. E em Jesus Ressuscitado reconhece o rosto do Crucificado em sua glória.

Nas horas difíceis de sua vida de jovem em busca de um seminário para terminar seus estudos para o sacerdócio, José Passerat não cessa de orar; de suplicar a Jesus Cristo, pois para ele Jesus é antes de tudo fonte de amor. De amor de Deus, de amor de seus irmãos e irmãs da terra. Nessa época, essa forma de amar, de esperar, de perseverar, ele a tira sobretudo do único livro que levou consigo partindo para o exército: o livro da *Imitação de Jesus Cristo*. Ele o lê, medita com perseverança. É seu guia espiritual diante dos obstáculos que se levantam. Numerosos, aparentemente insuperáveis.

Ora, antes da batalha de Jemmapes e da invasão da Bélgica, José Passerat deserta do exército. Para compreender essa decisão, é preciso recordar o contexto histórico. Estamos na França, em setembro de 1792. O rei Luís XVI foi destronado. Em breve será guilhotinado. O Terror vai estourar com seu cortejo de horrores e de mártires. Ainda mais, muitos membros do clero fugiram para o estrangeiro diante da perseguição; emigrantes fiéis ao rei até se juntaram ao exército da Áustria para lutar contra o exército da República. Também a presença de Passerat no exército e sua participação nessa guerra estão longe de se impor à sua consciência. Como João Maria Vianney, o futuro cura d'Ars, em circunstâncias análogas, não se considera obrigado a ficar mais tempo como soldado. Aproveita de uma ocasião para deixar o exército. Escolheu a liberdade, a liberdade de se tornar padre.

Como aconteceu isso? O padre Debongnie resume em algumas palavras esse acontecimento: "Sua unidade se encontrava nos arredores de Bitche, pequena praça-forte da Lorena. Tinha vindo ordem de preparar o acampamento. O trabalho rapidamente terminado, ele como oficial tesoureiro mandou seus homens repousar. Quanto a ele, fingindo explorar o país, vagou de um lado para outro na direção de uma floresta. Bruscamente penetra na floresta e foge para as linhas inimigas. Os vigias o tinham percebido, atiraram, mas ele escapou e logo se apresentou às sentinelas prussianas. Foi interrogado, perguntaram por seu nome: "Passerat!" – "Passera pas" (*não passará*, em francês), responde um homem. Levado para diante dos oficiais, ele se explica com tão evidente franqueza que é deixado livre" (PD 22).

Anos depois, seus amigos, e muito especialmente São Clemente Maria, o chamarão de *o grande Francês*. Hoje, e por muito tempo, ele será um francês sem a França, um proscrito. Mas também um europeu...

um homem sem fronteiras. Escolhe a liberdade, não a facilidade. Torna-se um emigrante, um fugitivo sujeito à vida errante, à miséria. Livre do ofício das armas, vai poder entregar-se à procura de um seminário maior para seguir sua vocação sacerdotal. Sua oração alimenta sua esperança: *"Deus,* dirá um dia, *toma tanto cuidado de uma alma que se lança em seus braços, que parece esquecer, por ela só, o resto do universo"* (AD 49).

Depois de ter abandonado o exército, Passerat enfrenta o desconhecido, mas não sozinho. Outro seminarista francês o acompanha. Como ele, está em busca de um seminário maior a fim de prosseguir seus estudos para o sacerdócio. Juntos procuram. Juntos decidem partir para Namur, na Bélgica. Ei-los a caminho, a pé, através do Palatinado, Sarre, Luxemburgo. Quando param, é ordinariamente numa igreja para orar diante do santíssimo sacramento. Chegam finalmente a Namur. Infelizmente, apenas chegando, têm de fugir: as tropas francesas acabam de alcançar a vitória de Jemmapes, no dia 6 de novembro de 1792, que abre o caminho da Bélgica aos exércitos da República.

Ladeando o Mosa, os dois seminaristas partem para Liège, sempre a pé. Em Lens-Saint-Rémy, são bem acolhidos pelo pároco do lugar e se inscrevem na Confraria do Santíssimo Sacramento. O jovem José Passerat assina o registro de maneira muito significativa: *José Passerat, seminarista*. Chegando a Liège, batem à porta do seminário maior; mas recusam acolhê-los, pois as tropas francesas se aproximam e não tardarão a entrar na cidade.

Então, aonde ir? Diante dessa questão, o companheiro de José Passerat desiste. José Passerat continua, retomando seu bastão de peregrino. Direção? Alemanha. Ele não conhece nem a língua nem o país. Não tem dinheiro, nem amigos, nem recomendações. Apesar de tudo avança, a esperança no coração.

Sozinho, José Passerat se envolve numa história absolutamente surpreendente, que faz pensar na que mais tarde descreverá Teilhard de Chardin: "Até aqui os homens viviam ao mesmo tempo dispersos e fechados em si mesmos, como passageiros acidentalmente reunidos no porão de um navio, de cuja natureza móvel e movimento não suspeitavam. Sobre a Terra que os agrupava não concebiam, então, nada de melhor a fazer do que disputar entre si e distrair-se. Ora, eis que por sorte, ou antes por um efeito normal da idade, nossos olhos acabam de se abrir. Os mais ousados dentre nós alcançaram a ponte. Eles viram o navio que nos transportava. Perceberam a espuma na linha da proa. Perceberam que haveria nele uma caldeira a alimentar e também um leme a segurar. E, sobretudo, viram pairar as nuvens, aspiraram o perfume das ilhas, para além do círculo do horizonte: não mais a agitação humana naquele momento, não a deriva, mas *a Viagem...* É inevitável que uma outra humanidade saia dessa visão".

Para José Passerat, sua Viagem, uma viagem extraordinária, uma viagem missionária, começou. Será longa. Dura. Bela. É uma viagem com o Cristo. Mão na mão. Coração a coração. A caminho para o Pai, sob o impulso do Espírito Santo, que eleva sua oração e ilumina sua vida.

Terceiro dia

"RESOLUÇÃO! RESOLUÇÃO..."

As virtudes se adquirem na ponta da espada! Resolução! Resolução! Deus nos ajuda desde que nos vê resolvidos (EG 28).

O padre José Passerat gostará de repetir essa máxima no púlpito diante dos fiéis que se apertam para ouvi-lo. Primeiramente ele mesmo a viveu, caminhando através da Europa: da França à Bélgica, depois da Bélgica à Alemanha, em busca de um seminário maior. Dito de outro modo, para ele a oração não é um parêntese em sua vida, mas um tempo forte para melhor discernir o apelo de Deus e responder-lhe com coragem, já que: "Não são os que dizem Senhor, Senhor, que entrarão no Reino, mas quem faz a vontade de meu Pai" (Mt 7,21-23). Eis por que a oração de José Passerat não é uma auto-estrada espaçosa em que ele circula em grande velocidade, é um caminho estreito: o do Evangelho. É preciso encontrá-lo. Segui-lo e não se extraviar nas encruzilhadas. Para isso ele consulta o Evangelho e a Igreja ao longo de todo o seu caminho.

Chegando à Alemanha, apresenta-se ao seminário maior de Treves: é admitido imediatamente, mas logo descobre que seus professores ensinam teses condenadas pela Igreja. Em toda parte na Europa, a *filosofia das Luzes* tinha marcado os espíritos. Porque a Igreja outrora tinha cometido abusos de poder, os soberanos chamados *esclarecidos* tentavam libertar seus Estados de toda autoridade eclesiástica. Assim, a ideologia de uma Igreja nacional se espalhou em muitos países, particularmente na Alemanha e na Áustria. É a origem do *febronianismo*, que José Passerat reencontra no seminário maior de Treves.

De que se trata exatamente? Trata-se de uma teoria professada por um bispo alemão, Nicolau de Hontheim. Ele tinha tomado o pseudônimo de Justino Febrônio por afeição à sua sobrinha Justina, na vida religiosa irmã Febrônia. O bispo expunha seu pensamento numa obra em latim publicada em 1763 e cujo resumo em francês tinha aparecido na Alemanha: *Sobre o estado da Igreja e sobre o poder legítimo do pontífice romano*, Wurtzburg, 1766. O autor se pronunciava a favor de um poder ilimitado dos bispos em suas dioceses, sendo o bispo de Roma reconhecido como seu chefe, mas sem poder sobre eles. Afirmava que o poder doutrinal e disciplinar supremo sobre todas as dioceses do mundo não podia ser exercido validamente senão pelos bispos reunidos em concílio ecumênico. Essa tese, próxima do galicanismo e do josefismo (do nome de José II, imperador da Áustria de 1765 a 1790), era então partilhada por alguns bispos alemães. José II rejeitava a autoridade do papa, exceto em matéria de dogma. Sob seu governo, a metade dos conventos de seu império foram secularizados e o clero secular tornado funcionário.

José Passerat rejeita todas essas teorias. Eis por que, de novo, retoma o caminho. Vai primeiro a Münster na Westfalia, mas lá ainda Febrônio fez estragos. Foge de novo. Logo fica sabendo que em Augsburg antigos jesuítas ensinam uma doutrina segura. Corre para lá e termina sua teologia em dois anos. Munido das cartas dimissórias do bispo de Châlons, D.

Clermont-Tonnerre, recebe as ordens menores no dia 19 de setembro de 1795. A seguir, informado de que um seminário maior foi fundado em Wurtzburg para acolher os seminaristas franceses emigrados, para lá se dirige sem tardar.

Em Augsburg, José Passerat descobriu os escritos de Santo Afonso? É mais provável, já que os jesuítas eram ardentes propagadores da moral de Santo Afonso e de seus escritos. Ora, seus professores, nessa cidade, eram jesuítas. De outro lado, várias obras de Santo Afonso acabavam de ser traduzidas em alemão e editadas precisamente em Augsburg: *A instrução para os novos confessores* (1772, reeditadas em 1774 por causa de seu sucesso), as *Visitas ao Santíssimo Sacramento* (1772), *As glórias de Maria* (1772), *A estrada da salvação* (1775) e, mais recentemente, *A Religiosa santificada* (1778), que apresenta a grandeza e os deveres do estado religioso em geral.

As obras de Santo Afonso conheciam, então, um enorme sucesso na Alemanha como o assinalava, alguns anos antes, um bispo alemão fazendo visita a Santo Afonso de Ligório: "A venda de vossas obras na Alemanha, dizia-lhe, é tão grande que até os livreiros protestantes as mandam traduzir e imprimir. Disso podeis imaginar a venda que se faz entre os católicos" (AD 33).

Ainda mais, como observa um de seus biógrafos: "Sem dúvida, o bispo Afonso de Ligório comunicou a seu Instituto (*dos redentoristas*) esse espírito de piedade terna e generosa que se encontrava em seus livros. E é precisamente o que procurava em vão a seu redor esse francês de alma transbordante de amor para com seu Deus, cansada da aridez jansenista. Então, será redentorista; mas aonde se dirigir? Para onde dirigir seus passos?" (MP 12).

Nos primeiros dias do ano de 1796, José Passerat, com outros três seminaristas franceses seus amigos, se põe a caminho para a Polônia. Já está decidido a se fazer redentorista? Será que sua partida foi decidida por causa do avanço ameaçador das tropas francesas, como supõe João Hofer em sua biografia de São Clemente Maria Hofbauer? O certo é que, chegando a Varsóvia, bate à porta da comunidade dos redentoristas, na época o único estabelecimento da Congregação do Santíssimo Redentor fora da Itália. Tinha como superior

Clemente Maria Hofbauer, que acolhe de braços abertos José Passerat e seus três companheiros. Juntos, recebem o hábito religioso e, após um noviciado de quatro meses, fazem a profissão religiosa no dia 13 de novembro de 1796. Tornam-se redentoristas.

O engajamento nessa vida missionária de José Passerat e de seus companheiros é uma aposta no futuro. Numa época em que muitos se deixam levar pela vertigem da dúvida, em que muitos são abalados pelo tormento revolucionário e pelas guerras que seguem, eles estão convencidos de que a família religiosa fundada por Santo Afonso pode e deve servir. Servir a Deus, à Igreja, ao mundo... entre outros servidores do Evangelho. Eles querem viver esse serviço no seguimento e em comunhão com o Cristo Redentor *"enviado pelo Espírito para anunciar a Boa Nova aos pobres"* (Lc 4,18). Querem vivê-lo de uma certa maneira: a de Santo Afonso de Ligório.

José Passerat descobre, então, com entusiasmo toda a espiritualidade de Santo Afonso. Hoje, o pensamento e os escritos do santo alimentam seu espírito de fé, sua confiança, sua coragem e sua fidelidade à oração. Amanhã, ele o citará em suas cartas e conferências. Desde agora, faz sua essa apresentação da vocação redentorista dada pelo próprio fundador: "Quem é chamado à congregação do Santíssimo Redentor não seria um verdadeiro continuador de Jesus Cristo e não se faria jamais santo se não tivesse a ambição de salvar almas. Foi para salvar as almas que o Redentor veio do céu à terra, como ele mesmo declara: 'O Espírito do Senhor está sobre mim... Ele me enviou para trazer a Boa Nova aos pobres' (Lc 4,18). E a São Pedro Jesus não pediu como prova de amor senão que se dedicasse à salvação das almas: 'Simão, filho de João, tu me amas? – Sê o pastor de minhas ovelhas' (Jo 21,17). Ele não lhe impôs penitências sobre penitências, orações sobre orações, mas o zelo pela salvação das almas. É o que observa São João Crisóstomo: 'O Cristo não disse: abandona todo dinheiro, multiplica teus jejuns, sobrecarrega-te de trabalhos, mas disse: apascenta minhas ovelhas'. E Jesus declara que ele vê como feito a ele mesmo o menor serviço prestado ao último de nossos irmãos: 'Eu vo-lo afirmo com toda verdade, o que tiverdes feito ao menor de meus irmãos é a mim que o tereis feito'. Todo membro da congregação deve, então, estar animado do maior zelo e sedento da salvação das almas. É para esse objetivo que envidará todos seus esforços. E, quando seus superiores o destinarem a esse apostolado, deverá consagrar-se a ele de corpo e alma. Jamais poderia dizer-se verdadeiro filho da congregação se não aceitasse de todo seu coração o trabalho apostólico imposto pela obediência e se julgasse preferível se ocupar só de sua alma no refúgio e na solidão do convento" (Santo Afonso de Ligório, *Conselhos sobre a Vocação religiosa*).

Quarto dia

"ORAI ESTUDANDO, ESTUDAI ORANDO..."

Sei muito bem que somos chamados à vida mista, isto é, ao mesmo tempo contemplativa e ativa. Mas, como a vida interior e contemplativa é muito mais difícil que a vida ativa da qual é fundamento, é absolutamente necessário que nela se concentrem todos nossos esforços e toda nossa atenção. Bem mais, sem esse culto enérgico da vida interior, a vida ativa se torna não só inútil, mas perigosa.

Vós, portanto, noviços, esperança da congregação do Santíssimo Redentor mantende-vos vigilantes contra o desgosto que poderia vos inspirar a aplicação contínua só aos exercícios de piedade. Olhai esse tempo como o mais precioso de vossa vida. O noviço que sai do noviciado sem o desejo de nele ainda fi-

car não será nunca um verdadeiro filho do bem-aventurado Afonso. Louvo vosso zelo pelas mortificações exteriores, contanto que nada façais sem a permissão do superior. Mas meu desejo é que cada de vós se entregue de corpo e alma à mortificação interior, sobretudo à da vontade própria... Ainda mais, eu não teria nada dos sentimentos de nosso bem-aventurado pai Afonso se não vos recomendasse a assiduidade na oração, sobretudo a oração a Maria. "Quem possui a arte de bem orar possui a arte de bem viver", diz Santo Agostinho. O noviço que não levasse de seu noviciado senão o amor da oração teria empregado bem seu ano de formação.

Vós, estudantes, aplicai-vos à aquisição das ciências que convêm à vossa vocação e cujo estudo vos é ordenado... Estudai também da maneira que vos é prescrita e com a intenção que deve animar um bom clérigo. Há, diz São Bernardo, os que estudam para saber e é curiosidade; há os que estudam para brilhar e é vaidade; há os que estudam para edificar e é caridade. Procurai, então, a ciência para edificar; esforçai-

vos em compreender as coisas a fundo, como o quer nosso bem-aventurado pai Afonso, mas não ultrapasseis os limites da discrição e que vossas intenções permaneçam retas... Ó que diferença entre a ciência de um homem interior e a de um simples erudito! Para compreender os mistérios da Escritura, a oração é mais útil que os esforços do gênio humano. "Não exijas compreender para crer, diz Santo Agostinho, mas crê para compreender." E, a exemplo de Santo Tomás de Vilanova, orai estudando e estudai orando (HG 569-571).

Essas diretivas sobre a oração e os estudos, que José Passerat dirige a jovens de quem tem o encargo, foram observadas por ele antes, no decurso de sua preparação ao sacerdócio e de seu noviciado. Para fazer estudos de qualidade, atravessou toda a Europa, enfrentou grandes riscos. E tomou tempo para orar. Durante seu noviciado, percebe-se sua aplicação à oração: "Várias vezes, no mais forte do inverno, o sacristão, chegando de manhã para abrir as portas da igreja, encontrou nosso infatigável noviço de joelhos, na neve, orando de todo seu coração e esperando o momento em que poderia entrar na igreja..." (AD 100)

Ordenado sacerdote em 15 de abril de 1797, torna-se o auxiliar muito apreciado de Clemente Maria. Este, em 15 de abril de 1800, num relatório escrito ao superior geral resume assim a atividade de seu amigo: "José Passerat, idade de vinte e nove anos, nascido em Joinville na Champagne, fez seus estudos na universidade de Augsburg; entrou na congregação em Varsóvia, em 1796, e fez os votos nesse mesmo ano. Ensina teologia dogmática e moral e desempenha há dois anos as funções de mestre de noviços. Ensinou também história eclesiástica. Fala três línguas, poderia ensinar filosofia como teologia e é bom confessor" (PD 32)

De todos esses cargos, o de mestre de noviços convinha particularmente à alma contemplativa de José Passerat; nisto era excelente. Numa nota escrita, ele expõe como concebe sua função:

"Desde minha entrada em função, dizia a meus noviços que era preciso pôr a oração mental bem acima da oração vocal, visto que sem ela não há senão pouco ou nenhum progresso no espíri-

to interior; que, por conseguinte, se alguém é obrigado a escolher, é melhor omitir as orações vocais que as meditações prescritas; que se reconhece o verdadeiro religioso não pela dedicação às obras exteriores, mas pelo seu zelo pela oração..." (PD 33).

Sem dúvida, o importante para José Passerat não é recitar orações, por mais belas ou numerosas que sejam, o importante, para ele, é gastar tempo, um tempo bastante longo, para um face-a-face, um coração a coração com Deus. Ele vive e testemunha isso. Em Varsóvia, até 1798, por seu exemplo e sua oração, atrai jovens ao caminho da santidade. Não lhe pedem que pregue, pois não domina suficientemente a língua alemã, menos ainda a polonesa, mas ele sabe o suficiente para confessar as pessoas que se apertam na igreja dos redentoristas em Varsóvia, a igreja de São Beno. Seu confessionário está sempre assediado.

Esse foi o início de sua vida de redentorista. Vida escondida sem dúvida, mas intensamente ativa. Vida de quem procura, de estudante à escuta da Palavra de Deus, da Igreja, dos acontecimentos. Um pouco como Abraão, "o grande orante", José Passerat, ao chamado do Senhor, tinha deixado seu país e se tinha posto a caminho para um país que não conhecia. Ele se preparava assim para se tornar um missionário muito ativo na Europa e muito fecundo, pois estará na origem de numerosas vocações sacerdotais e religiosas.

Quinto dia

"TANTO TEMPO QUANTO PERMANECERMOS POBRES..."

Tanto tempo quanto permanecermos pobres, saberemos esperar e orar e, por conseguinte, tudo obter de Deus. Mas, se nos tornarmos ricos, nos tornaremos os grandes senhores: então adeus ao abandono à Providência, adeus à oração, adeus sobretudo ao gosto de nos empregar no serviço aos pobres e abandonados (HG 388-389).

Quando José Passerat dá essas diretrizes sobre a pobreza evangélica, ele se lembra das palavras de Jesus a seus apóstolos, quando de seu envio em missão: "Nada levar para o caminho, a não ser um bastão; nada ter, nem pão, nem bolsa, nem moedas na cintura. Ponde as sandálias e não tomeis túnica de reserva" (Mc 6,8-10). Jesus pede tudo: tudo deixar para segui-lo. É a chave de um amor verdadeiro, a marca de uma oração verdadeira. Compreende-se melhor, então, essa oração chamada "ato interior de pobreza", que o padre José Passerat propõe às monjas redentoristas porque ela abre um caminho de liberdade:

"Deus infinitamente bom! Eu não desejo possuir outro bem que vós mesmo. Ah! Pai infinitamente amável! Que eu tenha mil mundos cheios de dinheiro, não para possuí-los, mas para deixá-los por vosso amor! Senhor cheio de clemência! quanto a mim deixo, com o desapego mais sincero, tudo o que poderia possuir. Pudesse eu privar-me do hábito que visto, a fim de vos agradar por meu total despojamento!
Pai dulcíssimo! Sou totalmente indigno da cela em que me acho, poderia passar a noite debaixo da escada ou num canto incômodo da casa. Ó vós que sois toda minha herança! Longe de mim toda escravidão em que poderia prender-me o apego a qualquer livro, a uma cela, a um hábito ou a toda outra coisa" (LC&S 128-129).

José Passerat pregou essa pobreza, mas antes a viveu por ocasião de suas viagens de jovem seminarista através da Europa, de Joinville a Varsóvia, depois como missionário de Varsóvia a Tournai, o lugar de sua morte e de seu nascimento para o céu.

A pedido do núncio do papa em Varsóvia e para responder ao apelo do bispo de Constança, Clemente Maria Hofbauer aceita fundar uma primeira comunidade de redentoristas em Iestetten, não longe de Schaffhouse, perto da fronteira suíça. Há aí um velho convento em ruínas, num lugar elevado. Chama-se Monte Tabor. Aí ele instala sua comunidade e faz um apelo a seu jovem amigo, *o grande francês*, para ir juntar-se a ele e assumir a direção.

Depois de ter sido riscado da lista dos emigrados, o padre José Passerat obtém um passaporte válido na embaixada da Franca em Varsóvia. Tendo partido no dia 17 de junho de 1803 de São Beno, chega em 22 de julho a Iestetten. De lá, espera, com Clemente Maria, poder introduzir a congregação na França. Além disso, seu irmão e seu pai tendo falecido, deseja aproveitar essa viagem para rever sua mãe em Joinville. Disfarçados de operários, os dois atraves-

49

sam a fronteira francesa, depois se põem a caminho através da Alsácia, mas seu projeto se choca com dificuldades insuperáveis: impossível, para o momento, fundar uma casa religiosa na França. O padre José Passerat deve se contentar em encontrar sua mãe em Joinville e consolá-la.

Depois, volta ao Monte Tabor, onde a pobreza maltratava com todo seu rigor, como testemunha esse jovem que se tornará mais tarde o padre Czech: "Nunca se viu nada de mais triste, de mais pobre e de mais humilde que nosso Monte Tabor. Éramos uma trintena de pessoas apertadas umas contra as outras... O chefe da comunidade (o padre Passerat) tinha apenas trinta e um anos. Éramos ricos de confiança; a casa era florescente em perspectiva; tratava-se de se espalhar na Alemanha e na França! Contudo, na realidade, não éramos senão pobre gente. A bolsa estava vazia. Varsóvia enviava dinheiro exatamente para não se morrer de fome, mas não bastante para viver folgadamente. Só um grande quarto servindo de refeitório e de sala de estudos, com dois outros pequenos compartimentos, formava todo nosso alojamento. Os estudantes, os noviços e alguns irmãos tinham seu dormitório no sótão da capela. Quanto a mim e outros estudantes, ocupávamos durante o verão uma antiga torre situada no jardim. Em lugar de janela, colocaram-se tábuas, para se proteger da chuva e de outros incômodos. A porta não se fechava... Durante o inverno, não havia para aquecimento de toda a comunidade senão um velho fornilho posto na grande sala... Tudo isso não vos porá de antemão numa disposição de espírito favorável à comida. De fato, ela era bem miserável" (AD 126-127).

Quanto ao padre José Passerat, confiando na Providência, tinha o costume de dizer:

"Deus é nosso Pai, nosso boníssimo Pai: não está obrigado a vir em nosso socorro logo que não tivermos nada mais a esperar senão dele?" (AD 72).

Novas provações vão se abater sobre a jovem comunidade. Durante o verão de 1805, José Passerat apresenta ao núncio apostólico que residia em Soleure dois de seus estudantes, para que os ordenasse padres. O núncio aceita de boa vontade, pois Clemente Maria, no ano anterior, tinha obtido de Roma o privilégio para seus confrades de se fazer ordenar por qualquer bispo em comunhão com o bispo de Roma. Mas o vigário-geral de Constança, sabendo da notícia, se irrita contra os redentoristas: fere de suspensão os dois jovens padres, retira de todos os padres o poder de ouvir as confissões bem como toda jurisdição para o Monte Tabor e região. Na impossibilidade de exercer seu apostolado, os redentoristas se vêem obrigados a ir embora. O padre Hofbauer orienta, então, suas buscas para a diocese de Augsburg, cujo vigário geral, Antônio de Nigg, ele conhecia. Graças à sua intervenção, os padres foram autorizados a se estabelecer em Babenhausen, pequeno principado independente, cujo soberano reinante, o príncipe Fugger, era grande amigo dos religiosos. A seu convite, o padre José Passerat se põe a caminho no dia 25 de outubro de 1805. Mais de vinte e cinco jovens religiosos o acompanham. Um deles descreveu esse deslocamento: "Nossas viagens se faziam habitualmente a pé. Era uma boa e rara sorte quando podíamos conseguir uma charrete. Que tempo fizesse, chuva, vento, neve, gelo, calor sufocante, avançávamos sempre. Quando estávamos a pé, nosso costume era fazer dez léguas por dia, e o saco nas costas, pois levávamos conosco todos os nossos trastes: nossa roupa, nossos livros, nossos pequenos utensílios. O padre Passerat, embora superior, carregava seu fardo como os outros, e muitas vezes era o mais pesado. Ordinariamente, à noite, depois de grande fadiga, tínhamos para abrigo apenas um albergue sem conforto, com uma sopa horrível para nos restaurar... Em todas essas viagens, trajávamos o hábito da congregação; nossas roupas eram tão usadas, tão miseráveis que nosso grupo tinha o ar de uma tropa de mendigos. Vivíamos tão escassamente em caminho que era fácil ver que era não só a pobreza voluntária, mas a indigência real que a isso nos forçava. Contudo, não obstante nosso triste vestuário, as populações, quando católicas, nos acolhiam em toda parte com respeito. O espetáculo extraordinário de uma vintena de pobres religiosos viajando assim com hábito religioso excitava sua curiosidade e despertava sua fé. Nossa pobreza mesmo era o que atraía a veneração. Ordinariamente, nossa chegada às diferentes localidades era conhecida com antecedência; e, em certos povoados de língua alemã, tinha-se o costume de dizer ao nos ver: "Eis os apóstolos!". Mas quando devíamos atravessar os países heréticos, era o reverso da medalha. Muitas vezes nos insultavam, zombavam de nós, e as crianças nos seguiam em grupo como esses objetos de curiosidade que se mostram as feiras.

"Durante o dia, enquanto caminhávamos, fazíamos, quanto possível, todos os exercícios de piedade como em casa...

"Quanto ao padre Passerat, estava sempre em oração. Rezava seu terço ou o breviário, ou meditava em silêncio, caminhando atrás dos outros... O que mais apreciava era a felicidade de celebrar a santa missa: muitas vezes, para não omiti-la, impunha-se os jejuns mais pesados.

"Não obstante essa regularidade severa, ele estava sempre alegre. Era ele que guardava a bolsa: não se sabia nunca se estava vazia ou cheia. Muitas vezes, ele se viu com apenas algumas moedas para todos nós. Contudo, jamais vimos nele o menor sinal de desânimo nem mesmo de agitação. Estava sempre calmo, sempre sereno; e nós, habituados que éramos a confiar nele, vivíamos o dia-a-dia, sem nos preocupar com qualquer coisa... Tudo que tínhamos de sofrer ele sofria tanto quanto nós..." (HG 135-137).

Durante esse tempo estouram as guerras conduzidas por Napoleão, seguidas de tratados que confundiram o mapa da Europa. Assim, em outubro e novembro de 1805, tem lugar a guerra contra a Áustria e a Rússia, marcada pelas vitórias de Ulm contra os austríacos e de Austerlitz contra os austro-russos. Ela termina com a paz de Presburg, que traz a transformação da Alemanha, com a cessão pela Áustria do Tirol e da Suábia, a criação por Napoleão dos dois novos reinos, o da Baviera e o de Wurtemberg.

No dia 14 de novembro de 1805, a comunidade conduzida por José Passerat chega enfim a Babenhausen. Aí encontra Clemente Maria Hofbauer, que prega muito nas aldeias vizinhas. O padre José Passerat confessa sem parar. As multidões acorrem em grande número. O entusiasmo é tão grande que um pároco do lugar não hesita em dizer: "Dai-me quatro Hofbauer para o púlpito e quatro Passerat para o confessionário e eu converterei reinos" (HG 89).

Certamente, é a pobreza mais rigorosa que reina nessa comunidade, mas também a maior alegria: a das bem-aventuranças. O padre José Passerat sempre confia na Providência divina: "Não foi visto recusar uma vez 60.000 florins, uma outra vez 100.000, que lhe ofereciam dois insignes benfeitores?". Essa pobreza, porém, é uma pobreza generosa: alguns anos mais tarde, em Viena, "eram até trezentos pobres ao mesmo tempo, que cada dia recebiam comida na porta do convento dos redentoristas" (EG 229).

Sexto dia

"ORAI, ORAI, ORAI!..."

Quereis, então, passar fazendo o bem nas paróquias de que tendes o encargo? Quereis esclarecer vivamente os povos, converter muitos pecadores, confirmar os justos na virtude, fazer-vos tudo para todos e atrair a bênção divina sobre cada um de vossos empreendimentos? Quereis, ainda mais, assegurar vossa própria salvação? Orai, orai, orai!" (HG 231).

Esse convite à oração, o padre José Passerat o lançava muitas vezes aos padres quando lhes pregava retiros. Era um eco do Evangelho: "É preciso orar sempre e jamais deixar de orar" (Lc 18,1). Também dizia freqüentemente: *"Sejamos homens de oração; sim, sejamos homens de oração e jamais, jamais, pereceremos"* (AD 173).

A seu amigo, o padre Luís Czech, escrevia:

"Se queres um meio seguro de avançar a obra da perfeição, ei-lo: é fazer como nós em Viena e na Alsácia, uma hora de meditação de manhã. É incrível a vantagem que encontramos nela. Desde esse tempo, minha alma quase transborda de consolação, sobretudo quando posso levantar-me uma hora antes de o sino tocar e continuar minha meditação durante duas horas. O primeiro meio de progresso é a oração, o segundo e o centésimo são a oração. Eu o li, insisto muito sobre isso, e os que aceitam meus conselhos fazem grandes progressos. Dá-me a consolação de escrever-me que tu e meus confrades fazeis esse esforço" (Carta de 21 de junho de 1822).

Enfim, José Passerat lança esse convite à oração a todos e a todas, especialmente às monjas redentoristas. Ele lhes lembra que a oração é um Pentecostes. É o Espírito Santo que nos ensina a orar, que nos conduz ao encontro com Deus. E nos inflama, então, com um amor que cria a comunhão com Deus assim como com nossos irmãos e irmãs da terra e do céu:

"Nós estamos diante de Deus; vede Deus em vosso coração, olhai-vos em Deus. É preciso que o Espírito Santo nos ensine a orar e a orar tranqüilamente. Por que tanto esforço de coração e de cabeça para falar com Deus?... O Espírito Santo nos ensinará essa maneira fácil de nosso entretenimento com Deus, que é a salmodia do coração bem como a da boca. Nós não sabemos orar como é preciso; mas, se formos fiéis às moções da graça, o Espírito Santo mesmo orará em nós por gemidos inefáveis, como o Apóstolo escreve aos Gálatas: Deus vos enviou o Espírito de seu Filho, que clama em vós: meu Pai, meu Pai" (Gálatas 4,6)...

"Quando sentis estes toques interiores do Espírito Santo e que Nosso Senhor derrama em vosso coração certa unção que é o testemunho de sua presença, guardai-vos de perder estes preciosos momentos em que o Espírito Santo ora em vós. Permanecei no silêncio e

> *no recolhimento; ele fará mais num momento que vós não saberíeis fazer em muito tempo"* (EG 48-49).

O padre José Passerat fez a experiência desse Pentecostes durante os anos de perseguição que se abateram sobre ele e sua comunidade. Com efeito, no mês de agosto de 1806, Clemente Maria deve dirigir-se a Viena, na Áustria, e de lá a Varsóvia, na Polônia, aonde só chegará no ano seguinte. José Passerat está sozinho à frente da comunidade. A tempestade estoura. Em virtude dos acordos assinados em Presburg por Napoleão e pelos príncipes alemães, o mapa dos Estados da Alemanha é profundamente modificado e o principado de Babenhausen é anexado pela Baviera.

No dia 17 de setembro de 1806, os padres recebem seu decreto de expulsão. Um prazo de dois meses lhes é finalmente concedido. Mas aonde ir? Clemente Maria pensava no Canadá. Tinha escrito numa carta ao padre José Passerat: "Meus planos vão surpreender-vos e me direis que o caminho do Canadá é extremamente longo. Não importa!, contanto que tenhamos um abrigo para esperar dias melhores e formar missionários para a infeliz Europa. Muitos jovens da Floresta Negra e da Suábia nos seguiriam de boa vontade, pois essas duas nações viajam com prazer... Jamais estou mais contente do que quando penso nas florestas do Canadá... Quero fazer preces dia e noite... para que nossos desígnios cheguem a bom termo. Olhamos os mapas geográficos com tanto prazer" (HG 94).

Realista, José Passerat aproveita do prazo que lhe foi concedido para ir, sem tardar, à Suíça, munido de numerosas cartas de recomendação. Começa apresentando-se a um dos vigários-gerais da diocese de Coire, residindo no cantão de Saint Gall, que ele administrava em nome do bispo do Tirol. É muito bem recebido; é proposto que ocupe um mosteiro abandonado desde alguns meses pelos premonstratenses: estes o deram de presente ao bispo. Este mosteiro tinha o nome de São Lúcio. Imediatamente, Passerat volta a Babenhausen e organiza a partida, em pequenos grupos separados, por segurança. Em janeiro de 1807, toda a comunidade está reunida em São Lúcio. Numa carta a Clemente Maria, descreve essa nova casa:

"31 de janeiro de 1807. Cheguei no dia 10 do mês corrente a São Lúcio. O mos-

teiro e tudo o que ele contém nos foram dados cedidos para nosso uso; não precisamos comprar nada. Quanto aos móveis, camas, roupa e outras coisas desse gênero, nós temos, bem como talheres de prata, dos quais, contudo, não nos servimos. Temos ornamentos de igreja mais que suficientes... Deus seja louvado! Tínhamos falta de tudo e agora nada nos falta. O mais agradável são os belos ornamentos de igreja deixados à nossa disposição..." (PD 55).

Infelizmente, a perseguição estoura de novo: o representante do governo bávaro escreve ao governo de Coire para denunciar "esses monges perigosos". Não obstante a intervenção benevolente do prefeito protestante, os padres são de novo obrigados a fugir. O padre Passerat deve tomar as decisões. A polícia bávara intercepta o correio: as correspondências tornam-se difíceis, e os problemas a resolver angustiantes. Clemente Maria, vigário-geral, encoraja Passerat a tomar iniciativas: "Sê santo e recebe muitos noviços. Age como se fosses vigário-geral: eu te delego todos os poderes... Que o medo dos sofrimentos não te impeça de gerar filhos a Jesus Cristo" (PD 62).

E o padre José Passerat passa à ação, quando a Europa está de novo a fogo e sangue. Com efeito, entre outubro de 1806 e junho de 1807, eclode a guerra de Napoleão contra a Prússia e a Rússia. Ela é marcada pelas vitórias de Iena e Auerstedt contra os prussianos e de Eylau e Fiedland contra os russos. Termina com o tratado de Tilsitt, que produz a formação do reino de Westfalia constituído por territórios tirados da Prússia e a criação do Grão Ducado de Varsóvia. É o momento em que José Passerat decide ir a Valais. M. de Courten, pároco de Viège, lhe reserva uma acolhida calorosa e promete procurar uma casa para sua comunidade. Numa carta ao padre Jestersheim, reitor de Varsóvia, Passerat deixa explodir sua alegria:

"O bom Valais e Viège são um verdadeiro refúgio. Temos a vantagem de achar-nos num país muito católico e que até o momento não está ameaçado por nenhuma tempestade, tanto menos que o grande monarca da França e da Itália nos cobre com sua benevolência. De outros lados não temos nada a temer" (HG 144-145).

E em sua correspondência com Clemente Maria, seu superior e amigo, José Passerat revela sua fé e sua paz no meio das provações:

"Deus seja louvado por nos ter sustentado tão maravilhosamente nestas circunstâncias difíceis. Nós nos encontramos sempre bem com sua proteção divina, embora vivendo numa incerteza contínua e sem cessar expulsos de um lugar para outro. Tudo vai bem aqui, não obstante a perseguição que se liga a nossos passos" (EG 138).

Sétimo dia

"ORAR PARA AGRADAR A DEUS..."

Viver da fé é exercitar-se nos atos dessa virtude com zelo e fervor.
Viver da fé é instruir-se nas verdades santas, não com espírito de curiosidade, mas com a única intenção de melhor conhecer a Deus, da maneira com que se manifestou a nós.
Viver da fé é, em nossas dificuldades, em nossos embaraços, nossas dúvidas, nossas tentações sobretudo, recorrer a essa adorável fé; fazê-la sempre presidir as nossas deliberações; tomando cuidado de nada resolver senão por algum motivo de fé ou por qualquer razão cristã. É não desejar com inquietação ser libertado das tentações mesmo as mais penosas mas suportar com paciência, até com alegria, o sofrimento que delas se ressente. Viver da fé é

fazer seus exercícios espirituais não para se contentar com as doçuras e consolações sensíveis que neles encontramos, mas para agradar a Deus, como a fé nos ensina que devemos fazer (HN 256-257).

Orar, para José Passerat, é "agradar a Deus", muito especialmente acolhendo os dons de Deus. E acolher os dons de Deus é, antes de tudo, acolher seu amor para dá-lo a nossos irmãos e irmãs da terra em todas as circunstâncias. Essa fé e essa oração marcaram sua vida nas horas mais trágicas.

Em 1806, o Valais esperava o padre José Passerat e sua comunidade. Contudo, era preciso chegar lá! Para evitar despertar a atenção da polícia, Passerat decide dividir seu pequeno mundo em quatro grupos: dois seguirão o vale, dois atravessarão a montanha. Ele toma a direção destes dois últimos grupos. Chegando ao pé do Grimsel, contrata dois guias experimentados para atravessar o desfiladeiro. A subida começa sob uma chuva fina, mas ao cabo de uma hora a neve se põe a cair. Ela apaga todo traço e torna o prosseguimento difícil. Os dois guias abrem e fecham a marcha. De repente, uma avalancha leva o guia que estava na frente. Todos o crêem perdido... quando, enfim, sua voz se faz ouvir; ele pede que vão até ele, pois achou um bom caminho. Todos descem ao seu encontro e retomam a caminhada até o albergue chamado "O Hospital".

Os proprietários estavam a ponto de descer ao vale para passar o inverno. Todo o grupo se restaura com os raros víveres que ainda restam no chalé. Mas no dia seguinte de manhã, ao despertar, o manto de neve aumentou consideravelmente. Os dois guias recusam prosseguir a caminhada. O albergueiro lhes oferece, então, uma gratificação suplementar, e eles aceitam tentar a aventura. Um dos viajantes, que se tornaria o padre Kaltenbach, conta: "Fizemos facilmente o resto da subida, porque a neve de algumas polegadas abaixo da superfície estava gelada. Mas chegando à planície que forma o planalto (sic!) sobreveio uma tormenta pavorosa, que parecia querer nos engolir vivos sob montanhas de neve. A cada três passos, nos afundávamos até a cintura. Não se via nada a oito pés adiante, tanto o vento expulsava a neve e escurecia o ar. Os guias, perdendo de vista os sinais, não sabiam mais onde estavam e recusavam-se a avançar. Nesse momento supremo, o padre Passerat se pôs a gritar com voz forte: "De joelhos, meus filhos! Só a oração pode nos salvar!" Imediatamente nos ajoelhamos todos e recitamos em voz alta, os braços em cruz, cinco pais-nossos e cinco ave-marias. Nossos dois guias eram protestantes. Quando nos viram cair assim todos de joelhos e rezar, ficaram espantados, olhando-nos em silêncio. Apenas nos levantamos, e os dois gritaram: "Agora, avancemos! Com essas orações, não se pode perecer!" (AD 200-201).

Todo o grupo chega sem dificuldade ao lugar preciso onde começava a descida. Logo atinge a primeira aldeia: entra, então, num albergue onde se celebrava um casamento. "Eram quatro horas da tarde", continua o jovem Kaltenbach, "e nós não tínhamos comido desde a manhã. Essa brava gente nos fez servir, às suas custas, mas sem nos dizer, uma refeição abundante que restaurou nossas forças. No dia seguinte depois do almoço, o padre Passerat quis pedir a conta, mas, para sua grande surpresa, o albergueiro recusou delicadamente dizendo que as pessoas do casamento, para reparar pelo barulho que tinham feito durante a noite, quiseram pagar... Não contentes de ter pago nossa estada, os convivas da cidade mandaram enviar-nos provisões para o resto da viagem e nós continuamos nosso caminho louvando a Deus... Era tempo de que a Providência viesse ao nosso socorro, não sobrava mais que uma moeda de seis francos. Todos saímos sãos e salvos de perigos inauditos, graças à oração do padre Passerat" (AD 202).

Enfim, no dia 3 de dezembro de 1807, Passerat pode reunir todo o grupo dos redentoristas em Viège, na Suíça. O cura da paróquia os acolhe com benevolência. O local alugado muito caro os mantém, entretanto, em aperto e privação. Respondendo, então, ao apelo do bispo, o padre José Passerat se separa de todos os seus religiosos padres: eles são dispersados em nove paróquias e seis capelanias. Para manter os laços da comunidade, ele os visita regularmente e continua a dedicar-se à formação dos estudantes e postulantes que ficaram com ele. De seu lado, os jovens estudantes dão aulas para as crianças de Viège: lecionam gramática e cálculo com grande satisfação dos pais.

Durante esse tempo, as provações se abatem sobre os redentoristas na Polônia. Em 1808, são expulsos de Varsóvia: "A comunidade compreendia ao todo perto de quarenta membros, mais ou menos a metade era de padres, os outros estudantes ou irmãos. Na madrugada de 20 de junho (1808), uma fila de carros sob escolta militar parava diante de São Beno. Não obstante a hora matinal, uma multidão se tinha reunido. As despedidas foram o eco do que tinha sido durante vinte anos a estada dos religiosos: as lamentações se misturavam com maldições. Os religiosos subiram nos carros por grupos de cinco e saíram da cidade em grande velocidade em direções diferentes. Assim acabou São Beno" (Jean Hofer, *São Clemente Maria Hofbauer*, edição francesa, Lethielleux, 1933, p. 243).

É o fracasso? Aparentemente. Entretanto, Clemente Maria, que gosta de se dizer "católico até a ponta das unhas", não é homem de se deixar abater. Em Viena, obtém um cargo de capelão num pensionato de moças, com as Ursulinas, e recomeça a evangelizar. O apóstolo de Varsóvia se torna o apóstolo de Viena. Reata o contato com José Passerat em Viège. Numa carta ao superior geral de sua congregação, não esconde sua admiração por esse amigo: "É um homem de uma prudência e de uma piedade verdadeiramente extraordinárias. Exige de todos uma exatíssima observância das regras e constituições. Ao vê-lo, dir-se-ia a paciência personificada. Seu zelo imenso não recua diante de nenhum trabalho, nenhum perigo... Nossa família religiosa possui nele um modelo vivo de todas as virtudes" (Carta de 25 de setembro de 1811).

Ao padre José Passerat, Clemente Maria pediu que procurasse um refúgio para os confrades expulsos de Varsóvia e também para os de Viège, no Valais, pois sua situação continua bem precária.

"Foi a ocasião de novos deslocamentos do padre Passerat; fez a viagem de Viena, duas vezes a de Wurtzburg, em 1810 e em 1811. Essas tentativas não chegaram ao que se tinha desejado, nem ao estabelecimento de uma nova casa na diocese de Wurtzburg, nem à partida para o Canadá, nem a uma fundação na Criméia, mas não foram sem resultado para os confrades de Valais. No cantão de Friburgo, que tinha atravessado várias vezes, o padre Passerat travara preciosas relações. Elas logo lhe serviriam; o pobre estabelecimento em Valais estava bem próximo de sua queda" (PD 71).

De fato, à volta de sua viagem, Passerat encontra os soldados franceses instalados na região. Logo, um decreto do imperador Napoleão, datado de 3 de janeiro de 1812, suprime todos os institutos religiosos em Valais. É preciso partir. E orar para ter a coragem e a força de continuar a missão de Jesus respondendo a seu chamado: "Se alguém quer seguir-me, renuncie a si mesmo, tome sua cruz e siga-me" (Mt 16,24).

Oitavo dia

"GLORIFICAR VOSSO PAI QUE ESTÁ NOS CÉUS"

Quando falo da necessidade da oração para um padre, de modo algum o aconselho a consagrar a maior parte de seu tempo a essa ocupação sagrada. Não, não: o padre deve dedicar-se inteiro às almas que lhe são confiadas; a atividade de seu ministério não deve sofrer de seu espírito de piedade. Quero simplesmente dizer que a oração deve presidir o trabalho de seu cargo, impregná-lo, santificá-lo; que o espírito interior deve animar todas suas ações, que os fiéis, cada vez que o padre aparece a seus olhos, no púlpito, no altar, no confessionário, no leito de morte deles, devem, por assim dizer, contemplar e sentir nele o temor de Deus e a devoção. Assim ele fará os fiéis compreender a grandeza da função que desempenha

> *entre eles e produzirá sobre eles a salutar impressão de que fala o Evangelho quando diz: "Que vossa luz brilhe diante dos homens para que a vista de vossas boas obras os faça glorificar vosso Pai que está nos céus"* (HG 229-230).

A espiritualidade de José Passerat, no seminário menor de Châlons, tinha sido marcada sobretudo pelos escritos de São Francisco de Sales e pelo livro da *Imitação*. Mas em Augsburg encontrara antigos jesuítas e sua espiritualidade inaciana. Daí a atenção privilegiada "à maior glória de Deus". Na conferência a padres no decurso de um retiro, ele insiste em promover "a maior glória de Deus" por meio da oração e do compromisso de todos os dias. Tanto mais que, nessa época, os redentoristas eram muitas vezes considerados "jesuítas disfarçados". Lembre-se do que o próprio Napoleão escrevia a propósito dos redentoristas de Varsóvia: "Parece que esses religiosos pertencem à categoria desses (*os jesuítas*) que expulsei da França e da Itália. Dou ordens as mais peremptórias às cortes alemães para que os expulsem.

Faço as mesmas intervenções junto ao rei de Saxe. Inventaram-se monges desde algum tempo e tentou-se inundar a França com eles. Ainda mais, não só ordenei a supressão dessa congregação, mas dei ordem de devolver cada indivíduo a seu país natal e de fechar suas casas. Fazei um relatório do que for feito. Bayonne, 25 de março de 1808, Napoleão" (HG 154-155).

Por causa de Napoleão, o Valais, transformado em departamento francês, se tornara em 1810 uma terra hostil aos religiosos e muito especialmente aos redentoristas.

Felizmente, José Passerat não tinha esperado a vinda da administração napoleônica para se preocupar com um outro lugar de alojamento. Enquanto Clemente Maria sonhava implantar a congregação no Canadá e na Rússia, Passerat aproveitava as relações que tinha travado no cantão de Friburgo para aí procurar um refúgio. Antes dele, Dom Lestranges e seus trapistas, o padre Silvestre Receveur e seus padres da Doutrina Cristã tinham sido muito bem acolhidos.

Acontece o mesmo com os redentoristas, desde 1812. Primeiramente em Balterswyl, depois em Friburgo mesmo, na cidade baixa, no segundo andar de uma fábrica de cerâmica. Mas, se esse último local pode abrigar os estudantes, os padres, de acordo com o bispo, são dispersados nas paróquias e capelanias ao redor. Essa solução permite aos padres da comunidade esconder-se nas fileiras do clero diocesano. O padre José Passerat mesmo aceita o posto de vigário em Farvagny, a quinze quilômetros de Friburgo, tanto mais que o alojamento posto à sua disposição, um simples chalé de madeira com teto de toldo, permite reunir todos os estudantes que se acham ainda na fábrica de cerâmica: "Esta habitação, diz ingenuamente um dos jovens que então a habitavam, se tornou assim a casa-mãe da congregação transalpina. Ela abrigava o noviciado, o escolasticado e o padre Passerat, único padre, que por conseqüência era reitor, mestre de noviços, prefeito dos escolásticos e professor de teologia ao mesmo tempo que vigário e missionário. Esta comunidade ainda devia diminuir cada dia, pois, à medida que o bom padre chegava a impulsionar seus teólogos até o sacerdócio, o bispo os colocava em sua diocese" (AD 244-245).

Certamente não era o ideal de uma comunidade, mas essa pequena comunidade tinha o mérito de existir. Movidos em todas as direções, Passerat e seus jovens companheiros, não deixam de continuar a viver como religiosos e de preparar o futuro por seus estudos e formação espiritual. José Passerat não perde tempo em se lamentar do pequeno número de padres, nem das dificuldades que levanta a situação política da Europa. Trabalha pela superação com coragem, perseverança, fé e esperança. Encoraja os seus:

"Confiança! Se fôssemos apenas dez, somos a semente; hoje, ela apodrece na terra, mas confiança! Esta semente que parece morta, o verão virá fazê-la reviver!" (HG 179).

Confiança, mas também paciência! Entrementes, a população e o clero apreciam os sermões do padre José Passerat. Muitas vezes também é convidado a pregar nas paróquias ao redor. As populações acorrem em multidão. Muitas pessoas se convertem, e jovens se engajam na vida religiosa. Assim, aquele que ia se tornar o padre Berset, grande missionário da Alsácia e da Bélgica, recebe por ele a graça da vocação: "Um dia, ele mesmo conta, dirigindo-me a uma paróquia para assistir a uma festa do padroeiro, eu o encontrei e ele me parou. Como ele me conhecia e eu já lhe havia falado de minha alma, dirigiu-me algumas palavras muito ternas, depois me perguntou se eu conhecia minha vocação. Respondi-lhe que não. — *"Queres conhecê-la?"* — "De bom grado", lhe disse. — *"Eu vou dar-te um meio infalível, queres empregá-lo?"* — "Resta saber se posso e se não é muito difícil". — *"Não, é fácil. Esta noite, antes de deitar-te, pergunta-te que tipo de vida quererias, no momento da morte, ter escolhido e seguido fielmente."* Ele continuou seu caminho. O golpe fora dado. Alguns dias depois, eu era postulante redentorista" (EG 312-313).

O bispo de Friburgo, informado desses sucessos apostólicos, pede a José Passerat que pregue o retiro anual a seus padres. Em seguida lhe pede a mesma coisa até o fim de sua estada na diocese. Mais tarde, quando o bispo obtém o restabelecimento do culto católico em Berna, pensa seriamente em confiar essa paróquia importante ao padre José Passerat. Este recusa para não ficar separado de seus confrades. Pela mesma época, o núncio de Lucerna pensa em fazê-lo ser nomeado bispo, de tal modo está persuadido de que se trata do futuro religioso do país. Mas Clemente Maria, informado desse projeto, protesta calma e vigorosamente: "Não, não", diz ele, "o padre Passerat é a mãe da congregação; não é possível tirar a mãe de seus filhos".

Era sublinhar a função excepcional do padre José Passerat no desenvolvimento da congregação na Europa, fora da Itália. Função facilitada pela derrota militar de Napoleão. Em 1814, com efeito, a campanha da França termina na abdicação de Napoleão e no primeiro tratado de Paris: esse tratado reduz a França a seus limites geográficos de 1792. De resto, o Congresso de Viena, que aconteceu em outubro de 1814 a junho de 1815, permite aos aliados (ingleses, austríacos, prussianos e russos) repartir entre si os territórios tirados da França. Congresso interrompido pela louca escapada de Napoleão conhecida com o nome de "Campanha dos cem dias", que terminou com o desastre de Waterloo.

Esse vaivém dos exércitos em guerra era uma fonte de sofrimentos para as populações que se encontravam em sua passagem. Passerat, assim como sua comunidade, conheceu essa cruz. Em 1815, designado para o serviço da capela de Posat, faz dela sua residência. Esse antigo priorado pode acolher os jovens de maneira mais cômoda e permitir-lhes assim prosseguir mais facilmente sua formação.

O padre José Passerat bem que gostaria de reunir igualmente todos os seus padres numa comunidade regular. As personalidades influentes e o bispo do lugar lhe ofereceram, então, ocupar uma cartuxa abandonada em Valsainte, com o encargo de abrir uma casa de educação e de correção. Um decreto do Grande Conselho, datado de 16 de janeiro de 1818, e a aprovação eclesiástica de 30 de janeiro de 1818, assinada pelo bispo, autorizam enfim os redentoristas a se estabelecer no mosteiro de Valsainte, no cantão de Friburgo.

Depois de quinze anos de procura e de esforços, o padre José Passerat e seus jovens discípulos chegam assim ao limiar da terra prometida. Mais feliz que Moisés, Passerat, que tanto rezou por eles, vai nela entrar com eles.

Nono dia

"QUANDO TUDO PARECE PERDIDO..."

Quando tudo parece perdido, é então que Deus se mostra e deve ser assim, já que Deus é nosso Pai, nosso bom Pai (MP 66).

Essa palavra do padre José Passerat nos revela que, para ele, Deus é todo-poderoso, mas que sua onipotência é a onipotência do amor. De um amor fiel e misericordioso: o de um Pai infinitamente bom. Ele não pára de fazer experiência desse amor no meio das provações que o assaltam.

O convento de Valsainte era uma antiga cartuxa. Por duas vezes os edifícios tinham ficado desocupados durante mais de vinte anos. A última vez foi depois da partida de Dom Lestranges e de seus trapistas expulsos por Napoleão em 1811. Depois dessa data, as construções não pararam de se degradar.

"Como era a primeira vez depois de quinze anos que os redentoristas, tendo saído de Varsóvia, iam tomar posse de uma casa regular e jamais, durante seu longo exílio, nenhuma de suas moradias tinha oferecido garantias tão seguras, nem vantagens tão preciosas, foi decidido que a entrada na antiga cartuxa se faria solenemente, com toda a pompa religiosa que a pobreza dos novos emigrantes seria capaz de realizar. Os trapistas, que tinham ocupado durante algum tempo Valsainte, tinham deixado, abandonando seu asilo, uma cruz de madeira, e a lembrança das virtudes dos trapistas a fazia venerável aos habitantes da montanha. O padre Passerat quis que em dia fixado essa cruz fosse levada à frente... e que toda a comunidade caminhasse em procissão, cantando" (AD 286).

Ora, alguns dias apenas antes da inauguração, José Passerat leva uma queda e fratura o pé. Vai-se retardar essa festa ou cancelá-la? Não, absolutamente! O padre recusa que seja retardada um dia sequer. No dia 12 de maio, de manhã, como estava combinado, a cerimônia se realiza. Toma-se a cruz dos trapistas. Atrás dela, religiosos e alunos se põem em fila; entre a fresca vegetação do mês de maio, o percurso se faz ao canto de hinos e ao murmúrio das orações. Uma multidão simpática está presente, vinda das paróquias vizinhas. Quanto a Passerat, de seu leito de doente, ouve os passos de seus filhos se afastar no caminho. Mas eles, em seu fervor, não pensaram nas provisões. A casa está vazia. Fatigados e esfaimados, a cerimônia terminada, não encontram nada para comer. É preciso que um aldeão tenha piedade deles: leva-lhes, depois de longa espera, leite e pão. Falta tudo nessa casa. Também José Passerat se faz transportar numa maca para partilhar o infortúnio de seus jovens confrades.

Contudo, uma profunda alegria enche-lhes os corações como testemunham as crônicas da comunidade: "12 de maio de 1818. Dia para sempre memorável para nossa congregação! Depois de muitos anos, através da Alemanha, nos Grisões, em Valais... gememos como ovelhas errantes...; em nenhuma parte nenhuma morada fixa, em nenhuma parte um abrigo seguro... Enfim graças à divina Providência, as populações de Friburgo nos receberam e obtivemos uma casa religiosa! Uma casa, dizemos, mas nada mais... Ela não tinha, de fato, senão teto e paredes: todo o resto estava em ruínas" (AD 288).

O padre José Passerat, contudo, continua confiando na Providência... Ele faz súplicas a seu bom santo patrono, como testemunha sua *"Oração a São José... esposo da gloriosa Virgem Maria e Reitor de Valsainte..."*, escrita de sua mão, que um noviço descobre um dia enfeitando o altar de São José:

"Muito indigno que sou de comparecer diante de vós, tomo, contudo, a liberdade de vos apresentar uma súplica. Conheço vossa bondade; tenho dela tantas provas que não posso duvidar um instante que não estejais disposto a me ajudar e a ser meu advogado junto da Majestade infinita de meu Deus. Por favor prostrai-vos por mim diante de seu trono para pedir-lhe graças que só quero para vossa felicidade e para sua glória, mas que eu mesmo não posso obter por causa de minhas misérias. Vós o sabeis, meu muito querido patrono... a casa que fundo, só para a glória de Deus

e para a salvação dos pobres pecadores, cuja conversão tanto desejais, está na desolação... Para cúmulo de sofrimentos, um pé me prende na cama e me impede de fazer o bem que desejaria.

"Ó meu bom São José! É preciso dizer-vos mais? Vós mesmo vedes em Deus o que me aflige e a causa que tenho a debater com o inimigo de nossa salvação. Eu vos tomo, então, por nosso advogado junto de Deus; eu entrego minha causa em vossas mãos, defendei-a, defendei-a e fazei tudo o que podeis para mim. Vós podeis muito, por isso tenho muita confiança em vós. Espero tudo de vosso amor por mim. Eu não serei um ingrato; eu vos testemunharei meu reconhecimento imitando vossas virtudes, convertendo tantos pecadores que puder, repetindo muitas vezes com devoção: Jesus, Maria, José.

Tomai-me, então, como vosso cliente, quero cumprir todas as obrigações e repetir-vos muitas vezes, na alegria de minha alma, que com toda humildade e reconhecimento de que sou capaz, meu bom Patrono, sou vosso muito humilde e reconhecido... J. Passerat, C.Ss.R...." (AD 293).

São José não tarda em responder favoravelmente a esse ato de confiança. Pouco a pouco, as condições materiais melhoram. "Nunca houve comodidade, mas todo mundo estava contente", observa o ecônomo dessa época, que ajuntava: "Jamais se tinha ainda gozado de tal abundância!" (MP 50).

No plano espiritual, é a idade de ouro. José Passerat, como sempre, pratica ele mesmo o que deseja obter dos outros: "Mais que pelo passado, parece, ele foi um homem de oração. Levantando-se pelas três horas da manhã, mergulhava na oração até a hora da meditação feita com seus religiosos. Todos os seus momentos livres eram consagrados à oração; em suas idas e vindas, desfiava seu rosário. É que em Valais a alma do padre Passerat podia expandir-se mais livremente. Aí se gozava de uma solidão perfeita, favorecendo o recolhimento. Um dia de inverno, fez essa confidência a um irmão: "Ah! como é bom orar quando se tem seis pés de neve ao redor de si e que os homens não podem mais nos perceber!" (MP 50).

Em numerosas ocasiões, dará diretrizes claras sobre a oração, para que o cuidado de orar jamais se enfraqueça:

"Não se ora muito, dirá mais tarde aos redentoristas, *se não se ama verdadeiramente a oração; e não se ama a oração quando não se fazem senão as orações ordenadas, quando não se reúnem as menores parcelas de tempo para fazer algumas horas de oração a mais, quando se está satisfeito de que os exercícios de piedade terminem para se entregar às obras de fantasia ou mesmo de proveito." "Para orar sempre, é preciso orar estritamente... tanto quanto se pode,* escrevia ao padre Wittersheim. *E com esse objetivo é preciso escolher o gênero de oração que nos é mais fácil: pois o que é difícil não pode durar muito tempo, ainda menos sempre." "A oração mais fácil,* explica ainda, *é a que nasce do coração e que o Espírito Santo inspira. Não soframos, então, com as orações vocais, que nos tenhamos imposto. É preciso tomar cuidado de não desviar o fio da água que o Espírito Santo derrama na alma, tomar cuidado de não procurar em outros lugares se o Espírito Santo mesmo fornece a matéria"* (EG 20-21).

Décimo dia

"ATOS! ATOS!"

Atos! Atos! Deus faria milagres para uma alma que empreende generosamente a obra de sua perfeição (EG 348). *É preciso fazer caminhar num mesmo passo a oração e a ação* (EG 347).

José Passerat é um homem de oração, mas não separa oração e ação. Para ele, Deus não é um mágico, um consertador universal. Ele nos respeita demais para agir em nosso lugar. Mas ele nos ama e nos dá sua força de amar para nós mesmos agirmos em toda liberdade. Eis por que a menor queixa concernente ao compromisso apostólico provoca sua reação. Com vigor. E, às vezes, com humor. Assim, havia um confrade, o padre Kaltenbach, obrigado a residir em Friburgo. Ora, cada semana, ele devia dirigir-se a Morat para garantir o serviço do culto católico. O deslocamento se fazia por caminhos difíceis e no inverno quase impraticáveis. Um dia em que ele se queixava, Passerat, com um sorriso malicioso, lança uma pergunta a todos os confrades presentes: *"Dizei-me, meus padres, qual é o caminho da perfeição?"* Cada um dava sua resposta; José Passerat replicava sempre sorrindo: *"Não, não é isso... não compreendeis"*. O padre Kaltenbach... procurava como os outros e também não encontrava melhor resposta, quando enfim, Passerat lhe disse: *"Pois bem, meu caro padre, o caminho da perfeição é o caminho de Morat"* (HG 244-245).

O que o padre José Passerat mais teme, mais que o desencadeamento das perseguições, é o enfraquecimento do espírito interior em seus religiosos com excesso de trabalho. A tempo e a contratempo, ele lhes recorda a necessidade de eles mesmos se santificarem para melhor santificar os outros: "Certamente, observa o padre Pajalich, ele não procurava reprimir o zelo deles, bem ao contrário, mas não queria vê-los se arruinar espiritualmente se dissipando sem medida. Ele comparava o operário apostólico com uma mãe que deve tomar dupla ração de comida para si mesma e para seu filho, a uma fornalha que deve estar muito quente para que se possa, sem perigo de apagar a chama, lançar nela uma grande quantidade de lenha grossa. *"Quereis, dizia-lhes, fazer grandes coisas para Deus, coisas maiores ainda que as que fazeis? Pois bem, sede homens ainda mais interiores, mais unidos a Deus"* (HG 300-301).

Em dezembro de 1819, com a aprovação de Clemente Maria, que reside agora em Viena, José Passerat retoma o antigo projeto de uma fundação na França. Essa vez, consegue. Durante uma viagem de exploração, visita na Alsácia várias casas religiosas. Sua escolha se fixa num antigo convento de franciscanos, abandonado no momento da Revolução francesa. Esse velho mosteiro, situado não longe de Estrasburgo, se chamava Bischenberg, "a montanha do bispo", porque treze séculos antes Clovis a doou ao bispo São Remígio. Era igualmente um lugar de peregrinação a Nossa Senhora das Dores, peregrinação que remontava ao século XV. É aí que, em 2 de agosto de 1820, os redentoristas enviados pelo padre Passerat inauguram seu ministério na França. Ora, era o primeiro convento de homens, aberto na Alsácia após a Revolução francesa.

Entrementes, em Viena, o josefismo se assusta. Investigação em 12 de novembro de 1818, decreto de expulsão em seguida, mas a expulsão é retardada. O arcebispo protesta junto ao imperador: "Não me tireis o melhor padre de minha diocese!". Em Roma, Pio VII, pouco tempo depois, felicita o imperador Francisco II por "possuir em sua capital uma das colunas da Igreja". Saindo da audiência, o imperador diz a seu capelão: "Maltrataram esse bom padre Hofbauer. Que poderia eu fazer por ele?" — "Senhor, permiti-lhe estabelecer sua congregação na Áustria".

O decreto que abre as portas da Áustria à congregação do Santíssimo Redentor é assinado no dia 19 de abril de 1820. Mas, dia 15 de março, Clemente Maria tinha falecido na hora do Ângelus de meio-dia. Ele tinha anunciado: "É preciso que eu morra primeiro, então a congregação se desenvolverá. Haverá na Áustria numerosas casas, e sua prosperidade será duradoura" (HG 372).

Esses últimos acontecimentos vão mudar a sorte da congregação e a do reitor de Valsainte. No dia 30 de maio, o superior geral lhe escreve: "Tendo julgado bom, meu reverendo padre, nomear um vigário-geral para as regiões transalpinas, acreditamos poder depositar nossa confiança em vossa probidade, em vossa prudência e em vossa perfeita integridade. É por isso que vos escolhemos, reverendíssimo padre José Passerat, como nosso vigário-geral" (AD 337-338).

Essa carta chega em julho a Valsainte. Passerat se submete. Com coragem, levará essa pesada responsabilidade durante vinte e oito anos. A 2 de outubro de 1820, põe-se a caminho para Viena. Dezoito dias mais tarde, chega à capela do noviciado: "Um dia, conta um dos noviços, em que fazíamos juntos nossa meditação no coro... atrás do altar-mor (era, se me lembro bem, no mês de outubro), vimos entrar de improviso um religioso desconhecido que veio, sem preâmbulo algum, colocar-se diante de nós. Esse religioso era nosso reverendíssimo padre José Passerat. Sua estatura era muito elevada. Parecia ter uns cinqüenta anos. Sua chegada foi para nós um grande motivo de alegria. No dia seguinte, fez-nos conhecer, num discurso familiar e afetuoso, todas as circunstâncias providenciais que o levavam ao nosso meio. Seu aspecto venerável, suas maneiras cheias de dignidade, a serenidade de sua face causaram uma felicíssima impressão em nós. Um instante lhe bastou para cativar nossa confiança. Quanto a mim, não tive dificuldade de reconhecer em sua pessoa o grande servo de Deus, o grande penitente, o santo homem de quem o padre Hofbauer nos havia falado tantas vezes e a respeito do qual nos dizia: 'Meus filhos, chamarei para vos guiar um grande francês vindo da Suíça. Se com ele não vos tornardes santos, jamais o sereis, pois ele mesmo é santo e praza a Deus que eu chegue um dia a saber orar como ele!'" (AD 346-347).

Assim fala um do noviços de Viena. Esse noviciado é excepcional. Nele se vêem padres no ministério, estudantes de teologia, a maioria tendo feito direito ou medicina, um professor de universidade, um jurisconsulto, todos discípulos fervorosos do padre Clemente Maria Hofbauer. Seu sucessor e amigo, José Passerat, toma em mãos sua formação. E o noviciado é inaugurado provisoriamente nos alojamentos de um convento franciscano. Durante esse tempo, termina-se uma construção completamente nova destinada aos redentoristas, ao lado da igreja de Maria Stiegen, que lhes é confiada. Na antevéspera do Natal de 1820, os quinze noviços podem ocupá-la. É aí, nessa igreja, que o padre Passerat arma o primeiro presépio de Natal nessa cidade: seu rosto está radiante quando, tendo em suas mãos o Menino Jesus, o deposita no presépio. Esse cenário inspira sua oração ao Menino Jesus:

"Que um Deus que é o esplendor da glória de Deus e a imagem perfeita de sua substância e sustenta tudo com o poder de sua palavra, que esse Deus esteja deitado num pouco de palha, aquele mesmo que está assentado no mais alto do céu à direita da soberana Majestade, ó como é admirável!" (LC&S, 89-91).

O período das longas germinações terminou. A colheita está próxima.

Não havia ainda dois anos que o padre José Passerat se achava em Maria Stiegen e já se via solicitado a abrir uma fundação na Morávia, província natal de Clemente Maria.

Um dos grandes cuidados de Passerat era a formação dos jovens redentoristas, cujo encargo tinha. Em toda ocasião, ele lhes lembra com força a importância da oração:

"Vigiai e orai, isto é, consagrai à oração todo o tempo que vos resta dos estudos.

Quem ama a oração será um bom redentorista. Mas, diz São Bernardo, se vejo alguém que não é animado de um grande desejo da oração, logo julgo que há pouco bem nele... A palavra, o exemplo, a oração: três coisas, mas a maior é a oração. Os apóstolos faziam mais caso da oração do que da pregação" (EG 13-14).

Desde 1824, ele se preocupa em procurar uma casa de estudos própria para o Instituto a fim de que esses jovens redentoristas *"não se deteriorassem na universidade"*, porque dizia:

"Todos esses jovens clérigos já estudaram filosofia durante dois anos. Muitos dentre eles seguiram os cursos de direito civil durante quatro anos. A maioria sabe muito bem o francês e o italiano e possui ao menos uma tintura das línguas orientais. Mas no domínio da teologia, sobretudo da teologia moral, seus conhecimentos são muito limitados, porque junto das cátedras públicas não ouvem senão paradoxos ou sutilezas absolutamente inúteis para o sagrado ministério" (HG 335).

Esse projeto se realiza em 1827 com a

fundação da casa de Mautern, na Estíria, num antigo convento de franciscanos. Essa casa devia tornar-se a seguir um objeto de consolações para o vigário geral dos redentoristas transalpinos. Lá, com efeito, serão preparadas as equipes destinadas às fundações reclamadas nos Estados Unidos e em toda a Europa (Alemanha, Inglaterra, Áustria, Bélgica, Bulgária, França, Holanda, Portugal, Suíça e até Itália do Norte). Todos esses projetos supõem um investimento considerável e audácia. Numa carta ao superior geral de sua época, ele se explica:

> *"O número de congregados nos obriga a despesas enormes. A Providência sempre provê oportunamente; e mesmo se, em Viena, não nos restasse senão um escudo em caixa, parece-me que não teria medo de faltar o necessário. Mas jamais nos faltou alguma coisa; ainda mais, temos tudo em abundância mesmo onde não possuímos nada de fixo.*
> *Sem essa prática de uma confiança absoluta na divina Providência, não poderíamos mais aceitar candidatos. Mas então, como atender às necessidades das populações? Impossível descrever-vos o aban-*

dono em que, em nossos países, geme o rebanho do Senhor e com que ardor essas pobres ovelhas voltam ao aprisco quando um verdadeiro pastor lhes faz ouvir a palavra do Cristo; desde que um redentorista aparece em alguma parte, vêem-se acorrer em multidão para ele. É voz unânime em proclamar que, desde a época do padre Hofbauer, Viena mudou completamente de aspecto; e, por uma feliz conseqüência, outros pastores de almas nos imitam em nossa maneira de pregar, de confessar etc." (HG 388-389).

No dia 4 de janeiro de 1826, três padres e dois Irmãos partem de Viena para Lisboa, em Portugal. Aí chegam no dia 26 de junho desse mesmo ano. A igreja que lhes é confiada é uma igreja dedicada a São João Nepomuceno: ela serve de santuário nacional aos alemães que moram em Lisboa. Mas os redentoristas deverão partir de novo depressa no mês de agosto de 1832 (cf. *Spicilegium Historicum CSSR XIII* [1965], p. 284-288). Expulsa, a equipe missionária enviada a Portugal irá reforçar as equipes missionárias da Bélgica e permitir fundações na Itália e em outros lugares.

Em 1831, o cura de Rumillies na Bélgica,

com a aprovação de seu bispo, pede ao padre José Passerat que envie padres para sua paróquia. Os dois primeiros chegam em outubro. O bispo lhes oferece uma casa de campo do seminário maior chamada *"A Solidão"*. E no dia primeiro de novembro de 1831 um redentorista sobe ao púlpito da catedral de Nossa Senhora de Tournai: "Neste dia, anota a crônica, retumbou pela primeira vez em terra belga a palavra de um filho de Afonso de Ligório..."

A pedido da Congregação da Propaganda[2], Passerat envia padres para a Bulgária, em Filopopoli (Plovdiv atualmente). Chegam em 1835, mas a peste e o cólera dizimam a comunidade (de 800 católicos que ficaram na cidade, 464 sucumbem à epidemia!) e obrigam os raros missionários sobreviventes a se retirar em 1839.

Clemente Maria sonhava em partir para a América. José Passerat tinha sido o confidente desse projeto e tornou-se seu realizador. Numa carta de 8 de maio de 1829, dirigida a seu superior geral, evoca um pedido de fundação na diocese de Cincinnati, na América do Norte, pelo vigário-geral dessa diocese. Início de março de 1832, três padres e três Ir-

---

[2] N.T.: De Propaganda Fide= propagação da fé.

mãos partem de Viena para a América! Durante seis anos, esses jovens exploradores e outros, que irão juntar-se a eles, viverão separados uns dos outros, expostos a mil perigos, no meio de índios. Impossível fundar uma comunidade estável e regular. Às vezes, é questão de sua revocação. Contudo, cheio de confiança, "o grande orante" não cessa de convidá-los à coragem e à perseverança: "Paciência! Paciência!..." De fato, a primeira casa é fundada em Rochester, em 1836.

Esse apelo à paciência, ele o lança um dia, não sem humor, a dois noviços um pouco apressados demais em ver seu progresso na virtude e na oração: *"Vinde comigo ao jardim,* lhes disse; depois, parando diante de um tabuleiro de flores, dá a um deles essa ordem estranha: *Abaixa-te, cola o ouvido nestas flores e escuta!... Não ouves nada?...* — Claro que não, responde o noviço. — *E, contudo, é certo que elas crescem.* — Sem dúvida! Mas não se pode ouvir a germinação de uma planta!... *Nem ver com os olhos o crescimento de uma virtude,* replicou sorrindo o padre Passerat. *Fazei, então, tranqüilamente vossos atos e não vos atormenteis para constatar o progresso da virtude. Isso se faz sem barulho e pouco a pouco"* (HG 555).

Décimo primeiro dia

"SE AMO MEU PRÓXIMO, AMO A DEUS"

Se há alguém que eu não amo, não tenho o amor ao próximo. Se não amo o próximo, não amo a Deus... O que me consola é que não devo amar as faltas do próximo, mas sua pessoa, a alma criada à imagem de Deus, a alma resgatada ao preço do sangue de Jesus Cristo... Se amo meu próximo, amo a Deus e Deus mesmo me ama, tenho em mim o penhor do Espírito Santo, que habita em mim; todos os meus pecados são apagados. Se perdôo tudo, tudo me é também perdoado...
Ó verdade consoladora! Sim, meu Senhor e meu Deus, eu amo todos os homens, eu os amo de todo meu coração; desejo-lhes todos os bens espirituais; eu os felicito por todos os seus dons e vantagens naturais

e sobrenaturais de que gozam; quero conversar com eles... quero prestar-lhes todos os serviços que puder, mesmo se devesse por causa disso omitir meus exercícios espirituais. A linha de comportamento a seguir na prática da caridade para com o próximo é não ter nem em minhas ações, nem em minhas maneiras, nem em meus pensamentos, nem em minhas palavras alguma coisa, se dela ele tivesse conhecimento, que poderia desagradar-lhe...
Como no dia da criação do mundo o Espírito Santo pairava sobre a face das águas para vivificá-las e torná-las férteis, assim o Espírito de Deus paira por cima de uma comunidade em que reina a caridade e onde ela produz todas as virtudes; uma alma que possui essa virtude é a esposa de Jesus e a esposa do Espírito Santo...
Ó Santíssima Trindade, a vós recorro, a vós suplico e vos rogo em nome de Jesus Cristo, da Santíssima Virgem Maria e de todos os santos, dai-me o tesouro do amor ao próximo (LC&S 124-126).

Com essa oração, o padre José Passerat nos recorda que, para um cristão, viver é amar, isto é, ser pelos outros e para os outros e não por si mesmo e para si mesmo. Cada uma das pessoas da Trindade, com efeito, não é ela mesma senão sendo pelas outras e para as outras. Pelas outras, é a acolhida; para as outras, é o dom. Assim, amar como Deus é acolher e doar. Esse é o verdadeiro sentido da vida do padre José Passerat e da vida comunitária que ele propõe a seus confrades. Para ele, toda comunidade religiosa deve conter a riqueza de um pluralismo, cujos elementos não formam senão um pelo amor, um pouco como uma sinfonia que não existe em plenitude a não ser pela pluralidade dos sons unidos num acorde harmonioso.

Passerat, que reside doravante em Maria Stiegen, na cidade de Viena (Áustria), não cessa de trabalhar para favorecer essa vida de amor comunitário. É dessa nova casa que ele dirige essa parte da congregação, que lhe é confiada. Sob sua direção, ela vai conhecer um impulso maravilhoso: será em breve a mais importante do Instituto missionário fundado por Santo Afonso em 1732. De fato, se por causa das dificuldades políticas dessa época não havia, na morte de Clemente Maria, senão 236 redentoristas no mundo, no fim do mandato do padre José Passerat, e graças a ele sobretudo, eles serão já 914.

Para o momento, na igreja de Maria Stiegen, a afluência é contínua. Prega-se alternadamente aos alemães e aos tchecos. Os confessionários são assediados todo o dia. Passerat assume generosamente sua parte desse apostolado tipicamente afonsiano. Sem dureza, mas com rigor, o novo vigário-geral vai pôr em prática a Regra promulgada pelo fundador, Santo Afonso de Ligório. Seu predecessor, Clemente Maria Hofbauer, não tinha em mãos senão a Regra modificada pelo padre De Paola residente em Roma. Ora, a mais importante dessas modificações consistia em prever, entre as ocupações próprias dos redentoristas, o ensino e a direção de escolas e colégios. Em aplicação dessa regra profundamente modificada tinham sido abertas escolas em Varsóvia, em Coire, em Viège e em Valsainte. Tanto mais, que, nessa época, era o único meio de se fazer aceitar pela administração civil e que, em toda boa-fé, se ignorava a oposição formal de Santo Afonso a essa atividade.

O padre Passerat acabou por obter dos padres napolitanos o texto autêntico da Regra de Santo Afonso, que exigia que seus religiosos fossem exclusivamente missionários. E missionários para os mais abandonados: "Meus padres e irmãos, escrevia, nosso

Instituto nos impõe um dever de nos consagrar aos mais abandonados. Esforcemo-nos, então, em ter no coração um amor terno e particular por estes necessitados de quem ninguém se ocupa. Se se apresentassem duas missões, uma para Nápoles e uma para os cabreiros de Salerno, e não houvesse missionários numerosos para pregá-las ao mesmo tempo, é para os cabreiros que seria preciso ir primeiro e adiar a de Nápoles para mais tarde, porque essa é a finalidade de nosso Instituto".

Para fazer adotar essa Regra por todos os seus súditos, José Passerat vai empregar uma paciência e uma prudência admiráveis. Em breve as missões dos redentoristas na Europa vão conhecer um sucesso prodigioso. Assim, em Rosheim, em 1825, a primeira missão na França (cf. C. Muller, *Um siècle d'inlassable activité* [Um século de incansável atividade], p. 7, in *Archives de l'Église d'Alsace*, tome III/XL, 1983) e, em dezembro de 1833, a primeira missão na Bélgica, na diocese de Tournai. Passerat não está aí, mas dirige a missão de Thimister, pequena localidade de 1.720 habitantes na diocese de Liège, em agosto-setembro do ano seguinte. São cinco redentoristas com ele. "Foi um imenso sucesso", anota o cronista da época e acrescenta que não havia menos de doze padres, nos últimos dias da missão, para acolher os fiéis que desejavam se confessar.

Contudo, uma grave preocupação tortura o coração do padre José Passerat: entre os padres italianos e os transalpinos explodiu um conflito. O rei de Nápoles considera a congregação como sua propriedade. Para ele, os redentoristas são napolitanos, seu centro é Nápoles. Uma grande parte dos padres napolitanos entra nessa visão. Ao contrário, os que vivem fora da Itália, na Alemanha, na Áustria, na Bélgica, na França, na Holanda, na Polônia, em Portugal, na Suíça, na Inglaterra, na América, em toda parte em que a congregação é florescente, acham que não se pode mais considerá-los anexos de uma congregação napolitana. Ainda menos, deixá-los à mercê de um poder real estrangeiro. Entre outras coisas, eles propõem dividir a congregação em províncias e estabelecer um superior geral em Roma. Faltando um acordo amigável, pede-se à Santa Sé que dirima o debate: no dia 12 de julho de 1841, um decreto de Roma divide a congregação em seis províncias. Três se ligam ao tronco mais antigo: as províncias romana, napolitana e siciliana; as outras três, já mais desenvolvidas, são as províncias austríaca, belga e suíça. Esta última, compreendendo as casas fundadas na

Alsácia, receberá em breve o nome de província galo-helvética. O conflito é assim regrado, mas deixa traços. Certamente, outras dificuldades surgirão mais tarde. Baste para o momento citar um documento escrito por José Passerat e assinado pelos representantes das três províncias reunidos em torno dele. É dirigido ao superior geral e traz a data de 14 de setembro de 1842:

"Reverendíssimo padre, nós estamos aqui reunidos, como o sabe Vossa Paternidade, a fim de tratar de nossos negócios, e todos, unanimemente, testemunharam uma só intenção, um só desejo: permanecer na união de uma íntima caridade com nossos irmãos da Itália e de uma sincera e perfeita submissão e obediência com respeito a Vossa Paternidade Reverendíssima. É por isso que nós lhe suplicamos instantemente que dê de novo plenamente a seus filhos transalpinos suas boas graças e sua paternal afeição de outrora, dignando-se fazer-nos saber o que poderíamos fazer para restabelecer a total concórdia com nossos irmãos italianos. Certamente, Vossa Paternidade encontrará em nós filhos plenamente submissos, profundamente obe-

> *dientes, inteiramente dispostos a lhe testemunhar por atos de sinceridade os sentimentos que exprimem..."* (AD 539).

Testemunho comovente de um discípulo de Jesus, que ama todos os seus irmãos, que quer vê-los unidos entre si e amando-se mutuamente. Pôde-se também escrever a esse respeito: "Nessas circunstâncias, o padre Passerat salvou a unidade da congregação ao mesmo tempo que seu fervor religioso!" (MP 60). Como o recordava um dia o Cardeal Deschamps, redentorista, que tinha sido seu discípulo: "Ele ardia de amor por Deus, tinha uma imensa necessidade de comunicar esse amor aos outros a fim de inflamar todos os corações" (EG 169).

Ainda mais, gostava de lembrar em suas conferências que esse amor do próximo tem sua fonte no amor de Deus:

> *"Se não se crê que Deus nos ama, não se pode amar muito... A santidade não consiste em grandes ações, em milagres e coisas surpreendentes, mas na fidelidade às pequenas coisas. Os mais belos ramalhetes são feitos de flores delicadas, e os diademas são ornados de finas pérolas"* (EG 169).

Décimo segundo dia

"ALEGRAI-VOS SEMPRE NO SENHOR!"

Alegrai-vos sempre no Senhor; eu vo-lo repito, alegrai-vos...
O Apóstolo fala de uma alegria interior que a boa consciência dá e que nada deve nos tirar, já que ele nos diz: Alegrai-vos sempre!
Quando então? Como? E que meio para se alegrar? É preciso alegrar-se nas tentações, na aridez, como nas consolações. Mesmo depois de ter pecado, é preciso ainda num sentido se alegrar: se pecastes, diz São João, tendes um mediador junto do Pai: Jesus Cristo, o justo.
Creio, de fato, que uma religiosa que depois de uma falta cometida se levantasse prontamente pedindo perdão a Deus com confiança, seria melhor que antes, porque assim teria dado honra à misericórdia de Deus. Sim, depois de ter cometido

um pecado mesmo mortal, ter confessado e obtido o perdão, seria preciso ainda se alegrar de ter um Pai tão bom no céu... Guardemo-nos de nos entristecer com as faltas diárias que cometemos de surpresa, por fraqueza. Seria pecar contra a verdade, pois não somos anjos para nunca cair. Segundo "O Combate espiritual"[3], tendes tanto orgulho e confiança em vós mesmos quanto tendes de tristeza e de perturbação depois de uma falta cometida... É um preceito do Senhor de que é preciso sempre se alegrar. Os religiosos e as religiosas têm tantos motivos de praticar a santa alegria! A graça da vocação é um sinal de predestinação. Alegrai-vos de que vossos nomes estão inscritos no livro da vida (EG 99-100).

Como São Paulo, o padre Passerat não cessa de convidar os que o escutam a se alegrar. E a se alegrar no meio das perseguições, como Jesus pedia às multidões que o seguiam na montanha: "Felizes os que são

---

[3] *Le Combat spirituel*. Trata-se da tradução francesa de um livrinho italiano, *Combattimento spirituale*, de Laurent Scupoli, parecido em 1589 e de que São Francisco de Sales faz um grande elogio em seus escritos.

perseguidos por causa da justiça, o Reino dos céus é para eles" (Mt 5,10).

Com uma audácia tranqüila, certo dia do ano de 1846, ele anuncia: *"Meus irmãos, um dia virá em que vós sereis expulsos, quererão mesmo vos enforcar... Que pensais disso?... Vós vos dizeis a vós mesmos: que esse velho francês nos deixe em paz. O que sabe ele?...* (PD 126).

Ora, no dia 12 de novembro de 1847, o general Dufour, em guerra contra os cantões católicos ligados pelo *Sonderbund*[4], se apodera de Friburgo. A tomada da cidade é acompanhada de violências. A casa que os redentoristas possuem em Friburgo desde 1828 não é poupada. Passerat logo comunica ao superior geral na Itália:

"Uma calamidade deplorável, é a ruína de nossa casa de Friburgo. Igreja, vasos sagrados, ornamentos de altar, tudo foi profanado. Quebraram-se portas e janelas, saquearam ou confiscaram todo o mobiliário. Chegou ao ponto de nossos confrades se verem arrancar o breviário das mãos e o manto das cos-

---

[4] N.T. Literalmente, "sem coligação"

tas. Nossos confrades, atingidos de proscrição perpétua, não tiveram mais que três dias para deixar o território da Confederação. Tiveram de fugir através de fuzis apontados e espadas" (PD 127).

Depois dessas tristes notícias, ele acrescenta:

"Graças a Deus, porém, todos puderam escapar, refugiaram-se uns na Sabóia, outros na Alsácia" (MP 62).

As perseguições não o desencorajam; elas o estimulam a uma vida mais perfeita. Ele não escrevia ao padre Czech:

"Por que entramos na congregação senão para ajudar Jesus a levar sua cruz? Não esqueçamos jamais nosso objetivo principal. Vós o sabeis: que cada membro da congregação procure sua glória e sua felicidade nas perseguições, nos desprezos e nas adversidades. Quem, portanto, tende a esse objetivo é redentorista; quem não tende a isso, embora convertesse o mundo, não seria redentorista" (EG 264-265).

Dia 13 de março de 1848 estoura a revolução em Viena. A pressão se desencadeia contra os religiosos: os boatos mais absurdos se espalham contra José Passerat. Anuncia-se em grandes caracteres e com força de detalhes que, comprometido num complô contra a segurança do Estado, ele acaba de se enforcar de desespero atrás do altar-mor de sua igreja. Ele graceja com isso, numa carta à superiora das redentoristas de Bruges:

"Corre o boato de que eu imitei o fim de Judas, que acabei pelo último desespero! Havia um grito de alegria na cidade; os jornais de Leipzig o anunciaram, tanto a coisa era bem tramada e afirmada[5]. Estive, então, três semanas na forca. Todos os dias, me via quem quisesse; tinham olhos para não ver, tanto meu fim trágico era certo! Vedes... que na Áustria se pensa de outro modo que na Bélgica. Em Bruges, me elevam ao céu, em Viena à forca. Por mim estou bem contente se Deus me perdoa

---

[5] É interessante saber que esse boato chegou até Liège no *Journal Historique et Littéraire* de Pierre Kersten, em maio de 1848, T. XIII, 45-46.

meus pecados como espero. Escutai, é preciso dizer tudo: não se enganaram em tudo... há muito tempo que pus minha honra na forca" (HG 595-596).

Imediatamente os padres procuram um refúgio em casas amigas. Em suma, estão livres do medo. E os padres voltam à comunidade. Mas, a 6 de abril, recomeçam as inquietações. Conduzida por estudantes da universidade, uma multidão incitada invade o convento dos redentoristas. Uma testemunha conta: "Eu vi as ruas e as praças ao redor ocupadas por estudantes em armas. Estando à porta, vi dois homens entrar no convento... Lá... eles reuniram todos os padres, ao menos os que ainda não tinham fugido passando o muro do jardim, prometendo protegê-los contra a multidão. Quando eles os reuniram todos, disseram-lhes simplesmente que tinham de deixar a casa, que as carruagens já estavam preparadas. Foram forçados a subir nas carruagens, seja dois a dois, seja sozinhos. Perto do cocheiro estava um estudante, com arma na mão. Ficando sempre perto da porta, vi os padres sair e passar diante de mim e subir nas carruagens. Entre eles o padre Passerat" (PD 128-129).

José Passerat é expulso da cidade. Aproximando-se da aldeia de Ottakring, seus raptores param diante de uma cruz erguida à beira da estrada e o jogam para fora da carruagem, gritando-lhe: "Toma, eis teu Deus; se ele é capaz de te socorrer, invoca-o". E abandonaram na estrada esse ancião de setenta e seis anos. Um irmão que o tinha seguido aproximou-se dele:

> *"Demos graças a Deus,* lhe disse Passerat, *pelo grande benefício que nos concede de sofrer por ele. Recitemos cinco pais-nossos e cinco ave-marias por nossos perseguidores, em ação de graças e por sua conversão"* (PD 129).

Todos os padres foram expulsos: *"Caçaram os redentoristas como se caçam lobos",* declara José Passerat, que se refugia na casa dos franciscanos de Enzersdorf, de onde escreve ao padre José Reyners:

> *"Que a santíssima vontade de Deus seja louvada, adorada, bendita e cumprida em tudo! Fomos surpreendidos, presos e banidos... Estamos todos dispersados, sem saber quase*

nada uns dos outros. Se voltares a Viena, encontrarás nossas casas fechadas. O melhor seria retornar diretamente. Se pudesses talvez ter um passaporte e tomar dinheiro emprestado! Não nos deixaram nem uma camisa. Estou a três léguas de Viena. Se me escreveres, coloca o endereço: "Ao padre Guardião dos franciscanos em Enzersdorf... Que meu nome não apareça no envelope... Nossos hospedeiros receiam mesmo receber-nos, e não sei quanto tempo ficarei aqui. Mostra que me amas alegrando-te por saber que sofro com paciência. Praza a Deus que eu sofra mais perfeitamente" (HG 606).

O padre Reyners se apressa em ir ao encontro dele. Juntos, eles se põem a caminho para a Alemanha, em abril de 1848. "Toda a viagem foi uma longa oração. As roupas leigas quase não o disfarçavam: ora esquecia seu novo personagem e começava a orar em alta voz; ora um objeto revelador lhe escapava das mãos à vista de todos os outros viajantes: era seu grande rosário, era seu breviário do qual voavam os santinhos e fitas marcadoras. Seu ar era tão pouco leigo que uma senhora perguntou se esse venerável ancião não era um bispo" (HG 608-609).

O antigo seminarista fugitivo, o antigo superior fugitivo tornou-se o vigário-geral fugitivo. E não acabou de retomar a estrada. No fim de sua vida, poder-se-á dizer que esse grande viajante atravessou milhares de quilômetros através da Europa. A pé, mais freqüentemente. Sempre orando.

Seu último refúgio, depois da Alemanha, é a Bélgica. A 9 de maio de 1848, o padre José Passerat chega a Liège. De lá, dirige uma longa carta circular aos redentoristas de que tem o encargo. É a última: *"Religiosos mesmo dispersados,* escreve, *permanecem sempre religiosos..."* Traça-lhes o comportamento a ser seguido. Pouco depois, apresenta sua demissão. Apresentada em Roma pelos três provinciais das províncias transalpinas, é aceita. Liberado de todo cargo, vai poder, segundo sua expressão, *"colocar um intervalo entre sua vida e sua morte".*

O padre José Passerat tinha trabalhado magnificamente. Estava na origem de uma quarentena de fundações[6], sem falar de três mosteiros de irmãs redentoristas[7].

Cada ano, de fato, não tinha ele percorrido a Áustria, o Tirol, a Baviera para visitar as casas dos confrades? E, a cada três anos, não tinha visitado a Bélgica, a Holanda e a Alsácia pela mesma razão? Certamente, nunca viu a América, porque o superior geral em Roma, que apenas ousava dar-lhe sua aprovação para essas longas viagens através da Europa, não lhe teria jamais permitido tal viagem. O padre Frederico Von Held que tinha colaborado com ele podia dar esse testemunho: "Pode-

---

[6] A lista dessas fundações é impressionante. Na Inglaterra: Falmouth, Great Marlow, Hanley; na Áustria: Eggenburg, Frohnleiten, Innsbruck, Leoben, Marburg, Mautern, Viena; na Baviera: Altötting, Vilsbiburg; na Bélgica: Bruges, Bruxelles Madeleine, Liège, Saint-Trond, Tournai; na Bulgária Filipopoli; na França: Bischenberg, Contamine, Landser, Saint Nicolas-de-Port, Teterchen, Trois-Épis; na Holanda: Wittem, Rijsenburg; na Itália: Finale, Modena, Montecchio; em Portugal: Lisboa; na Suíça: Friburgo, Tschiipru, la Valsainte; nos Estados Unidos: Baltimore, Buffalo, Detroit, Monroe, Nova York, Nova Orleans, Filadélfia, Pittsburg e Rochester.

[7] Os três mosteiros são os de Viena e Stein na Áustria e o de Bruges na Bélgica.

se dizer, em toda verdade, que ao padre Passerat cabe todo o mérito das fundações que foram feitas de 1830 (e mesmo de 1825) a 1848. Foi ele que teve a iniciativa, é a ele que elas devem sua consolidação. Jamais a congregação teria se estendido fora da Áustria, especialmente na Bélgica e na América, se o padre Passerat não tivesse tido a coragem de aceitar empreendimentos que pareciam votados ao fracasso. Seus conselheiros, normalmente, estavam assustados em ver a congregação assumir esses empreendimentos com tão poucos recursos de pessoas e de dinheiro. As fundações, uma vez aceitas, era ainda o intrépido vigário-geral que sustentava todo o peso do trabalho e das dificuldades inerentes à sua manutenção" (A. Délerue, *Le révérend Père Passerat, Rédemptoriste*, p. 26).

Passerat vive tudo isso na paz e na alegria mais simples. Alegria que ele recomenda muitas vezes:

É preciso fazer três coisas: primeiramente, estar alegre, quem doa alegremente, doa duplamente; em segundo lugar, orar sem cessar; em terceiro lugar, agradecer por tudo" (LC&S 175).

Quanto a ele, no meio das provações, sua oração se torna um cântico:

*"Se quero estar alegre,
me ponho a cantar:
Tu és meu, Senhor;
Tu me bastas, ó meu Deus!
Na cruz, no sofrimento,
eu me alegro cantando:
Senhor, tu és meu;
Tu me bastas, ó meu Deus!"* (EG 263).

Décimo terceiro dia

"A BELA PRIMAVERA DE BRUGES..."

Eu abençôo a todas vós, em nome da Santíssima e adorável Trindade. Em nome do Pai, nosso Criador, em nome do Filho, nosso Redentor, em nome do Espírito Santo, nosso Santificador.

Abençôo, primeiramente, a Reverenda Madre, que o Senhor vos deu para vos governar e dirigir, abençôo todos os seus cuidados e sua solicitude, a fim de que o bom Deus lhe comunique sempre a força necessária para cumprir em todas as coisas sua santa vontade.

Abençôo toda a comunidade em geral e cada irmã em particular, a fim de que o Espírito do Santo Redentor vos anime sempre.

Abençôo vossa alma e todas as suas potências... Abençôo vossa memória, a fim de que ela vos lembre sem cessar os benefícios do Senhor para agradecer-lhe e

tudo o que Jesus Cristo fez e sofreu por vós, a fim de que respondais a seu amor por uma grande generosidade.
Abençôo vosso entendimento para que dele vos sirvais para meditar sobre as perfeições infinitas de Deus, sobre a dolorosa paixão de nosso Senhor Jesus Cristo, sobre as verdades eternas e as máximas do santo Evangelho.
Abençôo vossa vontade, a fim de que a vontade divina seja para sempre sua única regra e seu único motor...
Abençôo todas as vossas pessoas, a fim de que não vivais senão como vítimas do amor divino, que se imolam cada dia a serviço de Deus.
Abençôo vossas vozes a fim de que oreis e canteis com fervor e espírito interior, salmodiando não só de boca, mas de espírito e coração, para vos tornardes dignas das complacências de vosso divino Esposo, que vos escolheu para cumprir aqui nesse mundo o ofício dos anjos (Bênção dada no encerramento do retiro pregado em 1849 no mosteiro de Bruges).

No fim de sua vida, a oração do padre José Passerat dá ação de graças por todo o bem realizado por Deus no coração das religiosas da Ordem do Santíssimo Redentor, fundada em 1731 por irmã Maria Celeste Crostarosa com a colaboração de Santo Afonso de Ligório, De fato, desde os primeiros tempos de sua chegada a Viena em 1820, Passerat sonhava em estabelecer uma comunidade de monjas cujo fim seria orar sem cessar pela conversão dos pecadores e pelo sucesso das missões. Essa é a origem da fundação do mosteiro de Viena na Áustria, o primeiro mosteiro de irmãs redentoristas fora da Itália.

Isso, contudo, não se fez num dia. Em seu ministério no confessionário, em Maria Stiegen, José Passerat tinha ganhado a confiança de várias mulheres que desejavam consagrar-se totalmente ao Senhor. Entre elas se encontrava uma francesa, da Bretanha, oriunda de uma família "católica até a medula dos ossos". Chamava-se Eugênia Dijon. Seu pai tinha sido conselheiro do rei Luís XVI. Nascida em Lorient, em 3 de janeiro de 1793, na época do Terror, seus pais tinham optado por fixar-se em Tours pelo ano de 1799. Voltando a calma, foram para Paris, depois para Estrasburgo, aonde sua função de intendente geral de víveres chamava o senhor Dijon. Entrando em seus treze anos, Eugênia foi enviada ao pensionato em Mayence. Terminados seus estudos, Eugênia, que acabava de perder sua mãe, foi posta como mestra-auxiliar numa casa de educação dirigida pela Senhorita de la Haye em Estrasburgo. Foi nesse pensionato que Eugênia se ligou em amizade com a senhorita Carolina de Hinsberg, filha do senhor Leopoldo de Hinsberg, adido da embaixada do rei da Baviera na corte da Áustria. Carolina convidou-a a ir à sua casa em Viena. Com a aprovação de seus pais, elas se puseram na estrada e chegaram a Viena no dia 2 de julho de 1820. Igualmente a conselho de Carolina, Eugênia escolheu, como diretor espiritual, um célebre pregador, Zacarias Werner. Um dia, porém, depois de sua confissão, para seu grande espanto, esse lhe disse: "Conheço um santo religioso, é ele e não eu, que Deus te destina como conselheiro e guia nos caminhos a que sua divina Providência te chama a trilhar" (HG 397).

Esse santo religioso era o padre José Passerat. A jovem Eugênia apressou-se em ir procurá-lo. A simpatia e a confiança que uniram, então, essas duas grandes almas fazem pensar em Francisco de Sales e Joana de Chantal. Passerat era o Francisco de Sales de Eugênia Dijon. Ele tinha seu senso da oração, a arte do discernimento e a doçura. Eugênia Dijon era a Joana de Chantal: assemelhava-se a essa santa por sua coragem nas provações, sua humildade e generosidade.

Guiada por José Passerat, Eugênia Dijon, que desejava consagrar-se totalmente a Deus, aceitou sem entusiasmo e por pura obediência fazer uma experiência de vida religiosa no mosteiro da Visitação em Viena. "Um secreto pressentimento lhe fazia sentir vagamente que não tinha encontrado seu verdadeiro caminho. Um dia, sabendo por sua amiga Carolina de Hinsberg que, num futuro próximo, se estabeleceria em Viena uma nova ordem sob a direção dos padres redentoristas, estremeceu de alegria" (HG 398).

Ela se apresenta ao padre Passerat para fazer parte dessa nova Ordem. Assim, o primeiro redentorista francês ia ajudar sua penitente a se tornar a primeira redentorista francesa. Ela tomará, então, o nome de irmã Maria Afonso da Vontade de Deus. Duas outras pessoas logo se juntam a ela: sua fiel amiga, Carolina de Hinsberg, e uma viúva, a condessa de Welsersheimb, cujo filho ia se tornar redentorista e cuja filha mais nova, irmã redentorista.

A obra, porém, é difícil. Para as irmãs redentoristas como para os redentoristas, o governo austríaco põe exigências: pede-lhes, como primeira condição para ser aceitas, que abram uma casa de asilo e de preservação para mulheres arrependidas. Para isso, um imóvel é alugado por uma mão caridosa na aldeia de Währing, não longe da capital. No dia 2 de agosto de 1822, esse asilo é inaugurado. Em 21 de outubro, Carolina se junta ao grupo. Logo, graças à intervenção de Passerat, todas essas mulheres consagradas recebem a regra das redentoristas e a autorização de revestir um hábito religioso provisório. Enfim, uma delas, a condessa de Welsersheimb, consegue obter do imperador a promessa da aprovação imperial.

Aumentando o número das religiosas, é preciso procurar outro local. Uma primeira habitação lhes é oferecida em julho de 1824. Ela se revela ainda pequena demais e é somente em 16 de outubro de 1824 que a comunidade pode instalar-se numa habitação mais espaçosa com um grande e belo jardim, no bairro Landstrasse, rua Ungergasse.

Enfim, para melhor se formar para essa nova vida que elas querem adotar integralmente, irmã Eugênia Dijon, a superiora, e irmã Antonieta de Welsersheimb se dirigem à Itália, a fim de partilhar durante alguns meses a vida das redentoristas. Elas deixam Viena dia 24 de setembro de 1830 e chegam a Nocera de Pagani dia 11 de novembro. Em suas notas de viagem, irmã Eugênia evoca este acontecimento: "Minha companheira e eu ficamos toda a manhã na igreja, ao pé do altar onde repousam as relíquias do bem-aventurado (Afonso de Ligório); aí recebemos a comunhão e ouvimos várias missas. Em seguida, recitamos em alta voz as ladainhas do bem-aventurado Afonso, suplicando-lhe com lágrimas queira receber-nos no número de suas filhas e interponha seu crédito junto de Deus, para obter que o Instituto de suas filhas espirituais fosse autorizado a se estabelecer na Áustria. Que aconteceu? Glória a Deus e reconhecimento ao bem-aventurado Afonso! Nosso bem amado Pai dignou-se dar-nos uma prova de sua paternal afeição obtendo de Deus que o decreto autorizando o estabelecimento de nosso Instituto na Áustria fosse assinado nesse mesmo dia por nosso excelente imperador" (HG 407).

As duas monjas vão, em seguida, a Santa Águeda dos Godos. "Fomos solenemente recebidas pela comunidade, nota irmã Eugênia. Na presença do santo sacramento exposto, as religiosas cantaram as ladainhas de Loretto e o *Te Deum*. Vários eclesiásticos e um grande número de habitantes de Santa Águeda tinham acorrido à igreja do mosteiro, a fim de exprimir por sua presença a alegria que experimentavam de ver o instituto das redentoristinas se implantar nos países transalpinos" (HG 407-408).

Contudo, seu retorno se fez mais cedo do que previsto, por medo do rei de Nápoles que não admite que Afonso de Ligório tenha fundado um instituto para países estrangeiros. As duas monjas voltam, então, à toda pressa. Assim, elas podem fazer a profissão em Viena, no dia 2 de agosto de 1831, na festa do bem-aventurado Afonso de Ligório, que será canonizado oito anos mais tarde. Durante sua ausência, o padre José Passerat se ocupara em preparar todas as candidatas que ficaram em Viena. Ele escrevia a esse respeito: *Trabalho muito para fazer delas religiosas. Não se trata apenas de ter mulheres enclausuradas; como diz o bem-aventurado Afonso, precisamos de religiosas"* (MP 61-62).

Que religiosas?

Religiosas contemplativas

> "Que é a vida contemplativa? É purificar o coração e destruir as paixões, pois pouco serviria olhar o céu se não se tem o coração puro; é a melhor preparação para a oração, e então a meditação vem por si mesma. Como dizia São Filipe Néri: 'Quando uma pena é clara e bem limpa eleva-se facilmente no ar; assim também, quando uma alma é pura e desprendida de toda carne, isto é, das afeições das criaturas, toma facilmente seu vôo para voar até Deus'. Mas é preciso pagar pela aridez e pelos sofrimentos, é uma necessidade. Sentir a pena de não amar bastante o bom Deus já é uma prova de que o amamos muito, pois não me preocupo de não amar ou de não ser amado por uma pessoa a quem não dou importância."

Religiosas alegres e cheias de confiança em Deus:

> "A confiança é de grandíssima impor-

tância. É quase impossível suportar o jugo da vida religiosa sem essa virtude. Tirai a esperança de vitória, o exército está em fuga; tirai a esperança do lavrador, os campos ficam sem cultivo. A esperança é a mensageira do céu, leva nossos pedidos. É a filha da misericórdia de Deus, que quer levantar a coragem abatida e faz correr no caminho dos mandamentos. Foi essa divina consoladora que sustentou os mártires em suas prisões, fortificou os solitários contra as tentações do demônio. Foi ela que inspirou às virgens tímidas uma coragem acima de seu sexo. Falo aqui de uma esperança heróica, extraordinária: em tua Palavra pus toda a minha esperança. Ela se chama confiança e é ela que devemos visar" (EG 134).

Religiosas firmes e corajosas:

Uma delas informa que, um dia, "ele quis que escrevêssemos com tinta vermelha, para destacar melhor, em nosso caderno de notas, o pensamento seguinte:

"Se não tendes em Deus uma confiança

firme, constante, toda filial, não sois senão esqueletos de redentoristinas. Vestis um hábito vermelho, mas não está tingido com o sangue de Nosso Senhor Jesus Cristo" (EG 135).

"Devemos temer não ser mártires, escrevia ele à Madre Maria Afonso da Vontade de Deus. *Não façais atos de medo, mas atos de coragem. É preciso que se diga de nós que o martírio nos faltou, mas que não faltamos ao martírio"* (EG 128).

José Passerat tem a consolação de ver prosperar o mosteiro de Viena. Desta comunidade saem, em 1839, o mosteiro de Stein na baixa Áustria e, em 1841, o de Bruges, na Bélgica. Outros vão surgir em diferentes países da Europa e da América. De Viena, Passerat segue de perto os progressos dessas fundações recentes. Ele pode deixar explodir sua alegria:

"Ah! a bela primavera de Bruges... Os começos são só fervor! Como todas as árvores estão enfeitadas, carregadas de flores! Que prazer, que alegria, que encantadora vista! Como os ares estão

> *perfumados com o odor desses celestes perfumes que atraem ao seguimento do Rei de glória as filhas de Jerusalém! Estas não ambicionam senão a felicidade de se unir ao Esposo das virgens! Mas, infelizmente, eis os ventos, as tempestades, as pancadas de água que virão! Eu estremeço por estas flores..."* (EG 320).

Depois, ele termina com estas palavras de esperança:

> *"Eu vos direi que a primavera de Bruges me causa grande prazer. Ela me enche de esperança...*
> *"À vista de tuas flores, Bruges, eu me consolo,*
> *"Jesus se alegra e o inferno se desola...*
> *"Um ancião faz versos, pois o sono fugia;*
> *"Para encurtar a noite, ele orava, versificava!"* (EG 323).

Décimo quarto dia

"O QUE SE FAZ PARA MARIA É SEMPRE POUCO DEMAIS..."

Segui os gloriosos exemplos do fundador de nossa Congregação, Santo Afonso Maria de Ligório. Ele se ajoelhava tantas vezes quanto possível diante da imagem de Maria e a invocava sem cessar, chamando-a com o doce nome de Mãe. Aos pés de Maria depositou sua espada de cavaleiro, quando abandonava o mundo. De Maria esperava a vitória sobre todos os inimigos de sua alma; por Maria, conservou uma pureza angélica. Todas as suas obras, ele as colocava sob o patrocínio de Maria. Escreveu um livro inteiro para celebrar as glórias de Maria e todos os sábados se impunha o dever de jejuar em honra de sua divina Mãe. Nas manhãs de suas festas, era visto todo radiante de alegria e como que fora de si na contem-

plação das misteriosas excelências da Rainha do céu. Muitas vezes exclamava: o que se faz por Maria é sempre pouco demais (SM 17).

Essas são as diretrizes que o padre José Passerat dava, no dia 31 de agosto de 1831, a um jovem padre, que ele tinha formado e que celebrava sua primeira missa na igreja da peregrinação mariana de Mariazell (Áustria). Era um forte apelo a melhor servir ao Cristo fazendo o que Maria pedia aos servidores de Caná: "Fazei tudo o que vos disser" (Jo 2,5). Era o apelo a "invocar sem cessar" Maria, a Mãe de Jesus e nossa Mãe, com confiança:

"Ó bem-aventurada Virgem, prodígio de bondade e de misericórdia, ó doce Maria, que não diremos nesse dia e o que não podemos esperar! Sempre, eu sei, vós estais disposta a atender nossas preces e a nos cumular de benefícios. Para conceder-nos vossas graças, não pesais nossos méritos nem nossas boas obras, não consultais senão vosso coração materno e nossa miséria. Sempre também, eu sei, nós vos damos prazer cada vez que dirigimos um ape-

lo à vossa superabundante caridade..." (SM 24).

Tanto mais que Maria com seu coração de mãe deseja mais que nós nossa felicidade e nosso progresso espiritual. Não é ela a escada que leva às alturas do céu e a guia que estende a mão para nos permitir a subida?

"Maria é a escada de Jacó, dizia ele, *porque nos leva a Deus, nos ensina a subir pelos degraus até Deus e a descer por degraus às ocupações terrestres sem nos deixar aí rapidamente; escada sempre à disposição dos pobres pecadores"* (EG 125).

Era com entusiasmo que Passerat falava de Maria, a Mãe de Deus, a Mãe da Igreja, como o testemunha esse convite a celebrar bem o mês de Maria:

"Convém consagrar o mais belo mês do ano à mais bela das virgens e de todas as criaturas: mas o que torna essa devoção mais agradável a Deus é que é preciso perseverar todo um mês nos exercícios de cada dia... Igualmente, era preciso que os apóstolos orassem e per-

> *severassem: 'Com um só coração, participavam fielmente da oração, com algumas mulheres entre as quais Maria, mãe de Jesus, e com seus irmãos' (Atos 1,14). Também receberam os dons do Espírito Santo em toda a sua abundância: 'Eles eram fiéis em escutar o ensinamento dos Apóstolos e em viver em comunhão fraterna, em partir o pão e participar das orações' (Atos 2,42). Imitemos os primeiros cristãos e agradaremos a Maria e mereceremos sua poderosa proteção"* (LC&S 94-95).

O rosário era a oração mariana preferida de Passerat. Maria tinha percorrido todos os caminhos da Palestina na fé, ela reconfortava o padre Passerat quando ele percorria as estradas da Europa. Ela o ajudava, nas inumeráveis dificuldades que encontrava, a transformar cada um de seus "Fiat" em um "Magnificat". Maria não tinha senão uma pressa: transmitir o fogo que a habitava para transmiti-lo ao mundo. Igualmente, o padre José Passerat, quando percorria a casa para se ocupar com os deveres de seu cargo, tinha continuamente o rosário na mão, e as ave-marias escapavam de seu coração, escreve um de seus biógrafos, "como as fagulhas de uma fornalha".

O irmão enfermeiro que cuidava de Passerat, no fim de sua vida, em Tournai, afirmava que muitas vezes o ouvia, durante o sono, recitar orações, sobretudo a Ave-Maria. Um dia, teve com ele este diálogo encantador: — *"Irmão, como amas a santa Virgem?"* — "De todo o meu coração." — *"Está bem, e depois?"* — "Como a mãe de Deus." — *"Muito bem, e depois?"* — "Com toda a minha alma, com todo o meu espírito e com todas as minhas forças." — *"E depois?"* — "Como o padre Passerat." — *"Então cala-te"*. — "Meu reverendíssimo padre, não amas a santa Virgem?" — *"Ó sim, mas não a amo bastante, é preciso amá-la mais do que eu a amo"* (EG 125).

Ele tinha sempre seu rosário à mão. E se podia perceber no seu polegar da mão direita uma cavidade onde a conta do rosário podia entrar inteira. Ele dizia:

> *"Quando rezais com devoção uma avemaria dais tanto prazer à santa Virgem e talvez mais que o anjo Gabriel, quando lhe dirigiu essa bela saudação"* (LC&S 178).

Muitas vezes ele lhe dirigia uma espécie de ladainha feita de aclamações entusiastas:

"Ó Maria, Maria, Maria! Porta do céu! Como é bela, Maria! Temos os olhos ofuscados quando a vemos. Ó bela, ó bondosa, ó terna, ó doce, ó pura, ó piedosa, ó fiel, ó clemente Virgem Maria! Vinde buscar-me" (LC&S 178).

E a gloriosa Virgem não se recusou a responder a seu piedoso servo. É o que se pode concluir de uma confissão que lhe escapou um dia:

"Sim, dizia a meia voz como se falasse a si mesmo, *sim, a santa Virgem me fala algumas vezes, ela me diz muitas belas coisas"* (HG 639).

Em Liège, um padre da comunidade lhe faz esta confidência: "Eu gostaria de ver Maria". *"É preciso rezar para isso",* responde José Passerat. "Rezei, mas em vão." *"É preciso crer que não és digno."* "E tu, replica o padre, a viste?" A essa pergunta o venerável padre Passerat, pego de improviso, se fechou no silêncio. Ora, nós lemos nas *Atas do processo informativo ordinário* que o padre Huchant, seu confessor, encontrou uma tarde o servo de Deus com o rosto inflamado, radiante de alegria: "Por que, então", lhe perguntou, "tens o semblante tão feliz?" *"Ah!"*, respondeu o doente, *"recebi hoje uma graça muito agradável. A santa Virgem me apareceu e me prometeu que entrarei no céu diretamente sem passar pelo purgatório".*

Foi talvez após esse insigne favor que José Passerat deu ao padre Gaudry uma resposta digna de menção: "Meu pai, dizia o padre Gaudry, terás sem dúvida a vantagem de ver a santa Virgem antes de tua morte, como Santo Afonso manda pedir?", e o venerável padre José Passerat respondeu: *"Já aconteceu"* (HG 638-639).

"Uma palavra de Deus para nosso tempo!" É assim que Pio XI definia Santa Terezinha do Menino Jesus. Não se pode dizer o mesmo de José Passerat? De fato, esse "grande orante" nos convida hoje a uma oração perseverante, muito especialmente a uma oração mariana renovada: recorrer a Maria, para ir a Jesus e, por ele, ao Pai, na unidade de amor do Espírito Santo.

Décimo quinto dia

"NOSSO PAI, AMAR-VOS SEMPRE..."

Pai nosso que estais nos céus, *eu vos saúdo, alegro-me por serdes infinitamente feliz em vós mesmo e por vós mesmo. Minha felicidade é saber que sois infinitamente feliz. Eis qual é para mim a mais bela saudação: nós vos damos graças por vossa imensa glória...* **Santificado seja o vosso nome**. *Desejo de toda a minha alma e de coração mais sincero que todos os infiéis possam abraçar a fé católica, a fim de que reconheçam e louvem vosso nome e que todos os hereges e todos os cismáticos possam voltar ao seio da Igreja católica romana a fim de que vos adorem em espírito e verdade...* **Seja feita a vossa vontade assim na terra como no céu**. *Eu queria dar minha vida para que todos os homens creiam e cumpram vossa santa vontade, observando vossos man-*

damentos e submetendo-se às disposições de vossas santas prescrições, como o fazem os anjos e os santos no céu. **O pão nosso de cada dia nos dai hoje**. *O pão cotidiano com que quero alimentar minha alma é o amor e o desejo. Eu não vos amaria se não desejasse estar unido a vós e amar-vos sempre. Quero, portanto, dizer-vos com Davi: "Como o cervo sedento procura a água viva, assim minha alma vos procura, meu Deus" (Salmo 41[42]). E com São Paulo: "Desejo desaparecer e formar um com o Cristo..." Eu vos ofereço o amor de Jesus Cristo, da santíssima Virgem e de todos os santos em compensação daquele que me falta... Nada me separará do amor de Jesus Cristo!...* (LC&S 121-123).

Seguindo a oração de Jesus, a de José Passerat nos convida a encontrar Deus como uma relação trinitária de amor e a configurar por ela nossa vida. Dito de outro modo, para ele, orar é dirigir-se ao Deus Amor em sua totalidade: a Deus o Pai, por Jesus Cristo, no Espírito Santo. Ele retoma as palavras de Jesus e desenvolve seu conteúdo: regozija-se com a glória e a felicidade de

Deus Pai; ora para que triunfe sua vontade de amor no coração de todos os homens; pede com insistência o pão do amor a fim de poder formar um só com o Cristo no Espírito Santo. Para isso deseja morrer a si mesmo a fim de viver totalmente da vida de Deus. Vida divina. Vida de amor.

Certamente, ao longo dos anos, o "grande francês" se tornou o "velho francês". Mas o "grande orante" permanece sempre "o grande orante". Dispensado a seu pedido de suas responsabilidades de vigário-geral, aceita assumir a direção de uma pequena comunidade em Bruges, na proximidade das monjas redentoristas, onde se alegra de poder exercer um apostolado a seu alcance:

"Eis-me constituído confessor das redentoristas de Bruges, escreve a um de seus confrades, o padre Neubert. *Pelo menos, tenho uma ocupação. Tu sabes que não se deve estar totalmente desocupado; faço também missões substituindo um missionário irlandês".*

Esse apostolado junto das religiosas corresponde a seu gosto da vida interior e da oração e às forças que lhe restam. Mas esse ministério, que lhe agrada, não se prolonga muito. Um primeiro ataque de apoplexia, no dia 12 de junho de 1850, altera sua memória. Em sua correspondência, no decurso de uma de suas últimas viagens, pode-se ler:

> *"Estou em Liège; nem minhas forças, nem minhas faculdades reaparecem. Graças a Deus, estou tranqüilo e vos recomendo constantemente a Deus. Quase não posso me arrastar, não sei se minhas forças voltarão. Diz-se que retomei uma aparência melhor; mas me sinto inteiramente alquebrado de corpo e de espírito. Aos setenta e nove anos, não há nada de melhor do que esperar ou antes se deve esperar ir dentro em pouco para sua pátria..."* (HG 628).

De volta, ele se dá conta de que sua saúde se degrada inexoravelmente. Pede, então, que lhe seja indicada uma casa de retiro. Assim é que, no dia 3 de setembro de 1850, se dirige a Tournai, a primeira casa que tinha fundado na Bélgica. Agora retorna para aí terminar seus dias. Deixando-as, tinha dito às irmãs redentoristas de

Viena: *"E agora, minhas irmãs, vou procurar-me um purgatório! Vou procurar-me um purgatório!"* (HG 631).

Tournai será sua última morada nesse mundo. E seu purgatório! *"Não posso nem andar, nem dizer a missa desde o fim de outubro. Rezai bem, eu vos suplico, para que esse jejum termine"* (Carta de outubro de 1851).

Uma última provação, porém a mais dura, esperava o padre José Passerat: a noite da fé: *"Vivi, desde a idade de trinta anos,* confessava, *num estado de oração muito elevado, mas agora faço meu purgatório... Rezai por mim que cai tão baixo e de tão alto. Não sei mais rezar"* (PD 145).

E, contudo, não pára de rezar. Freqüentemente de seus lábios e de seu coração jorram atos de amor para com Deus; mas o mais doloroso para ele, em certas horas, é a impressão de perder a fé: *"Meu irmão, meu irmão!,* dizia um dia a seu enfermeiro, *eu sou um pagão! Não tenho mais nem fé, nem esperança, nem caridade"*. Então o irmão tirava todos os objetos de piedade que atapetavam seu quarto: o crucifixo, a imagem da santa Virgem e as outras. *"Que fazes aí?"* grita o ancião. Eu tiro tudo, já que o senhor não acredita em mais nada. *Deixa, deixa! pois eu creio e espero e amo de todo o meu coração"* (AD 402).

Era a noite da fé, não a perda da fé. Era o purgatório anunciado em que sua fé se purificava na aproximação do encontro final com o Senhor. Ainda mais, a paralisia tinha invadido seu organismo. Ele está muito consciente disso:

"Eu sou um pobre senhor (de Joinville)... que só pode vegetar; que quereis esperar de um velho de oitenta e dois anos? Posso ficar no statu quo (estado atual), *mas não espereis melhora"* (PD 148).

A uma redentorista de Bruges, que lhe havia pedido um conselho, mandou responder:

"Sou um pobre senhor (de Joinville)... Tudo o que posso é rezar por ti e oferecer minhas orações e todas as minhas obras para o bem que tens em vista. Eis tudo o que posso responder... Quanto a mim, nada mais tenho a obter senão uma boa morte, que te peço que supliques a Deus por mim" (MP 70-71).

Pelo fim do verão de 1858, violentas hemorragias o levam à extrema fraqueza. Sem atenuar seu desejo da morte e sua espera da ressurreição em união com Jesus, ele não cessa de orar. A oração é seu último apostolado. E no dia 30 de outubro, às dez horas da manhã, rodeado por sua comunidade, sem agonia, o padre José Passerat adormece na paz do Senhor... Acaba de chegar ao porto. Mais ainda que a de São Clemente, sua vida tinha sido uma peregrinação movimentada através da Europa. Sob sua direção, oscilando à medida dos movimentos dos exércitos imperiais, das expulsões, dos caprichos da administração, a barca dos missionários redentoristas tinha sido rudemente sacudida. Ela conhecera os fluxos e refluxos das marés, as brumas, os recifes e também o tempo das "águas mortas". Sempre, contudo, guiada por Passerat, tinha guardado a direção fixada por Afonso de Ligório. Nessa misteriosa aventura, tudo tinha sido atitude de fé e de esperança. Depois dele, a âncora levantada, o veleiro, que tinha conduzido tão bem às praias do Novo Mundo, poderia partir para outras terras longínquas.

Em Tournai, onde acabava de morrer,

José Passerat era pouco conhecido, mas o padre Combalot, ilustre pregador francês, dava nesses dias uma série de conferências na catedral; ele anunciou o falecimento de Passerat e fez seu elogio: "Acabamos de perder um servo de Deus que foi um milagre de oração e um homem de grande santidade".

Houve desde então um afluxo incessante ao convento dos redentoristas. Cada um queria contemplar por alguns instantes seu rosto sob a luz vacilante das velas. O desfile foi tão grande que foi preciso prolongar em quatro dias a exposição do corpo. Seu enterro foi um triunfo. O triunfo calmo de uma multidão em oração, acompanhando até sua última morada aquele que se chamava e que ainda se chama "o grande orante".

ORAÇÃO FINAL

Deus, nosso Pai,
nós te damos graças
pelo venerável[8] padre José Passerat
que viveu na fidelidade a teu Espírito de amor.
Tu o enviaste para que recordasse a teu povo
a maravilha de nossa salvação em Jesus
redentor
e conduziste os homens de hoje
pelos caminhos da oração e da confiança
à perfeição do amor.
Faze que sua missão produza fruto em tua
Igreja;
nós te suplicamos,
concede-nos
a graça que pedimos
por sua intercessão,
e se essa é tua vontade
digna-te glorificar teu servo.
Por Jesus, o Cristo, nosso Senhor.
Amém.

---

[8] A heroicidade das virtudes do venerável padre José Passerat foi oficialmente declarada no dia 29 de abril de 1980 (cf. *Spicilegium Historicum*, CSSR, XXVIII [1980], pp. 232-235).

ÍNDICE

Siglas 3
"O grande orante" 5
Cronologia da vida de José Passerat 11

1. "Quereis amar a Deus?" 15
2. "Tudo por Jesus Cristo..." 25
3. "Resolução! Resolução..." 33
4. "Orai estudando, estudai orando..." 41
5. "Tanto tempo quanto
   permanecermos pobres..." 47
6. "Orai, orai, orai!..." 57
7. "Orar para agradar a Deus..." 65
8. "Glorificar vosso Pai que está nos céus" 73
9. "Quando tudo parece perdido..." 81
10. "Atos! Atos!" 89
11. "Se amo meu próximo, amo a Deus 101
12. "Alegrai-vos sempre no Senhor!" 109
13. "A bela primavera de Bruges..." 121
14. "O que se faz para Maria
    é sempre pouco demais..." 133
15. "Nosso Pai, amar-vos sempre..." 141

Oração final 149